Chris Farmer

Psychodrama und systemische Therapie

Ein integrativer Ansatz

Aus dem Englischen übersetzt
von Elisabeth Vorspohl

Klett-Cotta

Klett-Cotta
Die Originalausgabe erschien unter dem Titel
„Psychodrama and Systemic Therapy"
im Verlag Karnac Books, London
© 1995, Chris Farmer
Für die deutsche Ausgabe
© J. G. Cotta'sche Buchhandlung Nachfolger GmbH, gegr. 1659
Stuttgart 1998
Fotomechanische Wiedergabe nur mit Genehmigung des Verlags
Printed in Germany
Umschlag: Klett-Cotta-Design
Gesetzt aus der 10,5 Punkt Baskerville
von Fotosatz Janß, Pfungstadt
Auf holz- und säurefreiem Werkdruckpapier gedruckt
und in Fadenheftung gebunden von
Freiburger Graphische Betriebe, Freiburg i. Br.
Einbandstoff: Garantleinen

Die Deutsche Bibliothek – CIP-Einheitsaufnahme
Farmer, Chris:
Psychodrama und systemische Therapie: ein integrativer Ansatz /
Chris Farmer. Mit einem Vorw. von Zerka T. Moreno.
Aus dem Engl. übers. von Elisabeth Vorspohl. –
Stuttgart: Klett-Cotta, 1998
Einheitssacht.: Psychodrama and systemic therapy <dt.>
ISBN 3-608-91899-X

Inhalt

Dank

Ich danke Marcia Karp und Ken Sprague, durch die ich das Psychodrama am *Holwell Centre for Psychodrama and Sociodrama* in North Devon, England, wo ich den größten Teil meiner Ausbildung absolvierte, kennengelernt habe; vieles verdanke ich auch der gemeinsamen Arbeit mit meinen dortigen Ausbildungskolleginnen und -kollegen.

Was das Thema „Familie und systemische Therapie" in Guernsey betrifft, so bin ich all denen zu besonderem Dank verpflichtet, die auf der Insel Workshops geleitet haben. Zu diesen Besuchern gehören John Byng-Hall, Rosalind Draper und Max Van Trommel. Auch ein Workshop, den Francis Batten in Guernsey durchführte, hat das Ansehen des Psychodramas auf der Insel gestärkt.

Die Anwendung der systemischen Theorie auf das Psychodrama lernte ich durch Anthony Williams auf einer im Rahmen der Konferenz zur Zweihundertjahrfeier Australiens kennen. Dieser Ansatz hat meine eigene Arbeit entscheidend beeinflußt.

Mein Verständnis von Bowens Theorie und Praxis verdanke ich Marcia Geller vom *Carmel Family Therapy Center* in New York, bei der ich auch besondere Erfahrungen auf dem Gebiet der psychodramatischen Arbeit mit Familien sammeln durfte.

Ich danke Olivia Lousada, weil sie mein Interesse für die wichtige Rolle der Dynamik weckte, die der Wahl der Protagonisten zugrunde liegt. Besonderen Dank schulde ich Lisa King für ihre Hilfe bei der Abfassung des Manuskripts sowie Peter Le Vasseur und Angie Parker für die Illustrationen.

Für das klinische Material, auf dem das Buch beruht, bin ich dem Personal und den Patienten, mit denen ich in Guernsey gearbeitet habe, zu großem Dank verpflichtet.

Vorwort

Pioniere müssen Menschen sein, die dorthin eilen, wo Engel ihren Fuß nicht aufzusetzen wagen. Ebendies tat J. L. Moreno, als er sich auf das Gebiet der – wie man es später nannte – „Familientherapie" begab und im Jahre 1937 seinen ersten Bericht über seine Arbeit in *Sociometry, A Journal of Interpersonal Relations* veröffentlichte. Der Titel dieses Beitrags lautete: „Interpersonal therapy and the psychopathology of inter-personal relations". Der Bericht beschäftigte sich speziell mit Ehepaaren, darunter auch mit einer Dreiecksbeziehung. Der Begriff des „Hilfs-Ichs" – der Therapeut als Vermittler im therapeutischen Prozeß – tauchte hier erstmals auf und wurde in seinen Funktionen beschrieben. Ebenfalls dargestellt wurden verschiedene Abschnitte der mit den Ehepartnern aufgeführten Psychodramen.

Wir müssen uns vergegenwärtigen, daß diese Art der Intervention in den dreißiger Jahren sämtlichen damals praktizierten und anerkannten Formen der Psychotherapie zuwiderlief, so daß Morenos Ideen einen gewaltigen Widerstand weckten. Einer der ersten aber, der sich für die spätere Familientherapie zu engagieren begann, war Nathan Ackerman. Ausgebildet als Psychoanalytiker, lernte er Moreno in den frühen vierziger Jahren kennen. 1951 verfaßte er für unsere Zeitschrift *Group Psychotherapy* seinen ersten Artikel zur Gruppenpsychotherapie. Er trug den Titel „Psychoanalysis and Group Psychotherapy". Ackerman behandelte nicht die Familientherapie als solche, schrieb aber:

Die Zwei-Personen-Beziehung der Psychoanalyse bildet eine einzigartige Erfahrung, in der die frühen Muster der Beziehungen zwischen Mutter und Kind wiederbelebt und ihre destruktiven Elemen-

9

te unschädlich gemacht werden. Demgegenüber findet die Gruppen-
psychotherapie, an der drei oder mehr Personen beteiligt sind, ihre
dynamische Grundlage in der Tatsache, daß der Charakter des Kin-
des nicht nur von der Mutter beeinflußt wird, sondern von sämtli-
chen interagierenden Beziehungen innerhalb der Familiengruppe,
insbesondere von den Beziehungen zwischen den Eltern. Diese man-
nigfachen interpersonalen Muster, die einander wechselseitig beein-
flussen, sind ebenfalls für die Störungen der Persönlichkeit verant-
wortlich.

Im Psychodrama werden diese interpersonalen, interaktionalen
Muster nicht nur analysiert, sondern handelnd in der Aktion
erforscht und ebenfalls in der Aktion in eine neue Richtung
geleitet. Um anzudeuten, auf welch großen Widerstand auch Ak-
kerman stieß, als er sich auf den Schauplatz der Gruppenpsychotherapie wagte, schrieb er in dem oben genannten Artikel:

Bei einem Arbeitsessen der amerikanischen „Orthopsychiatric Asso-
ciation", in dessen Rahmen der Plan für die „American Group
Therapy Association" zur Sprache kam, trug ich schüchtern meine
Überlegung vor, daß eine Studie über den Prozeß der Gruppenpsy-
chotherapie ein natürliches Setting für den Erwerb des in einer neu-
en Wissenschaft, der Sozialpsychopathologie, so dringend benötigten
Wissens bereitstellen könnte. Meine Bemerkung fand damals keine
günstige Aufnahme, ich halte aber nach wie vor an dieser Idee fest.
Ich bin überzeugt, daß die sorgfältige Untersuchung des Prozesses
der Gruppenpsychotherapie die neu auftauchende Wissenschaft der
Sozialpsychopathologie um wesentliche Erkenntnisse zu bereichern
vermag.

Es ist unschwer zu sehen, daß Ackerman sich zu Morenos Ideen
hingezogen fühlte, und so leitete er Schritte ein, die wenige
Jahre später zur Organisation des *Ackerman Institute for Family
Therapy* in New York City führten.

Seither haben sich die Gruppenpsychotherapie und das Psychodrama zu anerkannten Verfahren entwickelt, mit deren Hilfe
interpersonale Konflikte sowie Konflikte zwischen Gruppen und

innerhalb von Gruppen bearbeitet werden. Die Familientherapie stellt heute eine fest etablierte Behandlungsmethode dar. Chris Farmer zeigt im vorliegenden Buch sehr eindringlich, auf welch verschiedenartige Weise er das Psychodrama in unterschiedlichen Settings benutzen konnte.

Eine Frage, die mich beschäftigt, lautet, ob nicht vielleicht der Begriff „Psychotherapie" an sich revisionsbedürftig ist. Können wir mit Sicherheit behaupten, daß wir die Psyche unserer Patienten heilen? Moreno vertrat die Ansicht, daß die Psyche ganz besonders schwierig zu beeinflussen sei, und glaubte, daß der Einfluß von Beziehungen ausgehe und daher möglicherweise auch die Heilung durch Beziehungen erfolgen könne. Sollten wir uns vielleicht treffender als „Beziehungstherapeuten" bezeichnen? Moreno hat vor allem das soziometrische System als Grundlage für die Darstellung, Diagnose und Veränderung interpersonaler Beziehungen benutzt. Die Soziometrie bringt für Psychiater, die eine medizinische Ausbildung absolviert haben und es gewohnt sind, sich immer nur mit einem einzelnen Individuum zu beschäftigen, gewisse Schwierigkeiten mit sich. Es hat lange gedauert, bis sich die Überlegung durchsetzen konnte, daß die Psychotherapie es mit sämtlichen menschlichen Beziehungen zu tun hat. Moreno betrachtete die Soziometrie als den Oberbegriff, unter den auch die Gruppenpsychotherapie und das Psychodrama fallen. Er hielt es für eine unabdingbare Aufgabe der Gruppenpsychotherapie und des Psychodramas, die zugrundeliegenden menschlichen Beziehungen zu verstehen; sie können am besten durch die Soziometrie – die Messung der menschlichen Beziehungen – herausgearbeitet werden, die gewissermaßen die Gruppe unter dem Mikroskop betrachtet, während das Psychodrama die Psyche und ihre Interrelationen unters Mikroskop legt. Die meisten Psychotherapeuten, die mit Gruppenpsychotherapie und Psychodrama arbeiten, haben die Eigenständigkeit dieser Verfahren anerkannt. Chris Farmer hat die Soziometrie auch als Rollentheorie benutzt und beschreibt die Art des systemischen Denkens und Handelns, das die Grundlage seiner Arbeit bildet. Wenngleich wir über eine umfangreiche Literatur zum Psychodrama in vielen Sprachen verfügen, wird diese Anwendung der Theorie sozialer Systeme nach wie vor selten praktiziert. Aus diesem Grund bildet das vorliegende Buch einen Beitrag zu einer Forschung, die in vielerlei Hinsicht auch heute noch Pionierarbeit leistet.

Beacon, New York   *Zerka T. Moreno*

Einführung

Die komplexe soziale Interaktion innerhalb eines kleinen und klar umgrenzten geographischen Bereiches stellt für einen System- und Psychodramatherapeuten, der mit Familien arbeitet, ein ergiebiges Betätigungsfeld dar.

Wenn man in einem kleinen Gemeinwesen lebt, so daß man dem Geschehen nahe ist, kann man die Entwicklung von Familiensystemen unter einer Vielzahl verschiedener Blickwinkel betrachten. Auf der Insel Guernsey lebt innerhalb einer klaren geographischen Umgrenzung eine relativ zahlreiche Bevölkerung, deren Beziehungsgeflecht einen hohen Grad an Komplexität aufweist. Familiengeschichten spielen sich an einem Ort ab und erstrecken sich über lange Zeitphasen, so daß man das klinische Material sowohl in einen historischen als auch in den aktuellen Kontext einordnen kann. Je näher ein Beobachter dem Geschehen rückt, desto spezifischer sind die Informationen, die er erhält; wenn es darum geht, Unterschiede zu definieren – eine für die Erforschung komplexer Interaktionen notwendige Aufgabe –, sind die Besonderheiten wichtig. Das Spezifische aber wird in bezug auf das Allgemeine definiert, das seinerseits wiederum eine auf Ähnlichkeiten beruhende Abstraktion darstellt. Gegenstand des Psychodramas ist das Spezifische: „Wer?", „Was?", „Wo?" oder „Wann?" – so lauten die Fragen, die es ermöglichen, die Bühne zu bereiten. Die Szene aber ist zugleich auch ein Gruppentherapie-Raum, und das Ensemble besteht aus Gruppenmitgliedern. Es kann auch durch Stühle symbolisiert werden, denen von den Anwesenden eine spezifische Bedeutung zugeschrieben wird. Spezifität aber verlangt weniger eine naturgetreue Transkription sämtlicher einzelnen Phänomene als vielmehr ein Porträt der zwischen ihnen bestehenden Beziehungen. Die persönliche Information mit dem höchsten Grad an Spezifität – die Namen der Personen und Orte – wurde in diesem Buch aus Gründen der Vertraulichkeit verändert. Die Geschichten wurden in genügendem Maße fiktionalisiert, so daß ihre Protagonisten nicht wiederzuerkennen sind.

Dieses Buch versucht, das systemische Denken mit der Handlung in der Psychiatrie zu verbinden. Es besteht aus Beschreibungen in der Form von Erzählungen – aus meinen eigenen Darstellungen der Geschichten anderer Menschen. In ähnlicher Weise behandeln System- und Psychodramatherapeuten als Beobachter auch die Beobachtungen anderer Beobachter. Andere Kliniker hätten aus demselben Material, das ich in diesem Buch vorstelle, andere und je verschiedene Geschichten gemacht. Die Patienten und ihre Angehörigen wiederum hätten eine weitere Version ihrer Geschichte entwickelt. Zu beachten ist jedoch ein wichtiger Unterschied zwischen Erzählungen, die absichtlich erfunden wurden, um eine Idee zu illustrieren – so daß sie nur in einem mythischen Sinn als „wahr" betrachtet werden können –, und solchen Geschichten, die als historisches Dokument dienen sollen. Selbst unter diesen Umständen aber erweist sich „Geschichte" als Darstellung ausgewählter Beobachtungen.

Wenn, systemisch formuliert, Komplexität die Erklärung des Einfachen erleichtert, dann ist es sehr wichtig zu entscheiden, was in eine Beschreibung aufgenommen und was ausgelassen werden soll, damit sie nicht allzu kompliziert wird. Die Auswahl ist persönlich und subjektiv; einer sozialkonstruktivistischen Sicht der „Realität" entsprechend, kann man das Material als eine Landkarte (als meine eigene Version) anderer Landkarten betrachten. Auch Erzählungen setzen grundsätzlich eine Auswahl voraus. Wenn alles, was geschah, berichtet würde, dann gäbe es keine „Geschichte"; es gäbe nur einen Bericht ohne Bedeutung oder Interpretation. Ebenso wie der Familientherapeut muß auch der Historiker Zäsuren durch Daten setzen, um nützliche Informationen vermitteln zu können. Im realen Leben haben die Ereignisse keinen Anfang und kein Ende. Anfang und Ende werden vielmehr durch unsere willkürliche Definition mar-

14

kiert. Während eine solche Auswahl natürlich die Authentizität des Materials erhalten soll, indem sie Ereignissequenzen und Muster klinischer und familiärer Interaktionen aufgreift, hat sie zugleich auch die Funktion, die Anonymität der beteiligten Personen zu gewährleisten.

In einem Fortsetzungsband werden die hier vorgestellten Themen zu komplexeren Geschichten ausgearbeitet, die dann auch die Arbeit beschreiben, die mit mehreren Familiengenerationen über ausgedehnte Zeiträume, aber im Kontext desselben öffentlichen Gesundheitssystems durchgeführt wurde. Die Fallgeschichten reichen je nach den vorliegenden Aufzeichnungen unterschiedlich weit zurück; man könnte annehmen, daß sich der Zweite Weltkrieg als geeignete zeitliche Begrenzung der beschriebenen Vorgänge anbietet, aber gerade die deutsche Besetzung und die Evakuierung spielen im Fallmaterial eine signifikante Rolle, und auch nach Abschluß dieses Manuskriptes schreiben sich die Geschichten weiter fort.

Einleitung

Moreno, der Pionier der interpersonalen Beziehungen in den Bereichen Soziometrie, Gruppentherapie, Psychodrama und Soziodrama, begab sich auf das Gebiet der Familientherapie, als er seinen Beitrag „Inter-personal therapy and the psychopathology of inter-personal relations" (Moreno 1937 a) veröffentlichte. Wie Compernolle (1981) betont, hatte Moreno bereits 1937 systemtheoretische Formulierungen erarbeitet, in der Literatur der systemischen Therapie jedoch wird er praktisch nicht erwähnt. Ich führe dies zum Teil darauf zurück, daß er seine eigene Sprache der interpersonalen Beziehungen und therapeutischen Techniken entwickelt hatte, um über die Familientherapie hinaus größere Bereiche zu erfassen, bevor die allgemeine Systemtheorie ihren Einfluß auf das Denken späterer Familien- und Systemtherapeuten auszuüben begann. Am bekanntesten wurde er als Erfinder des Psychodramas, das mit der Systemtheorie bis vor wenigen Jahren nicht in Verbindung gebracht wurde.

Eine umfassende und definitive Darstellung des Psychodramas als systemische Therapie veröffentlichte Williams (1989), der die Techniken und die Grundlagen des Psychodramas in der Terminologie der Systemtheorie und Kybernetik formulierte. Chasin, Roth und Bograd (1989), die eine Methode zur Anwendung von Aktionstechniken im Post-Mailänder systemischen Interview beschrieben, betonten auch, daß Handlungsmethoden verschiedener Art in der Familientherapie eine reiche Tradition haben. Tomm (1991) entwickelte die Technik, Patienten zu ermutigen, mit der „inneren Stimme" von Familienmitgliedern zu sprechen, indem sie „Fragen des internalisierten anderen" formulieren. Dies ähnelt einer psychodramatischen Technik wie etwa dem Rollentausch, aber es findet keine physische Interaktion statt.

Ein generelles Verständnis der Therapie als Veränderung betrifft den Zusammenhang zwischen Grundannahme, Wahrnehmung und Verhalten; was wir glauben, ist durch das beeinflußt, was wir sehen, und dies wiederum hängt von dem augenblicklichen Verhalten ab. In entsprechender Weise beeinflussen unsere Überzeugungen die Art und Weise, wie wir die Welt sehen – wie wir Unterschiede treffen, indem wir bedeutungsvolle Unterscheidungen zwischen den Phänomenen, die wir wahrnehmen, schaffen (Bateson 1979). Unsere Interpretation der Ereignisse wiederum beeinflußt unser Verhalten (Campbell, Draper und Huffington 1989).

Wir können daher sagen, daß unsere Überzeugungen und infolgedessen auch unser Verhalten ein Resultat unserer Weltsicht und der Bedeutung darstellen, die wir an Phänomene knüpfen. Ein solches rekursives Muster bedeutet auch, daß unsere Grundannahmen sozial erzeugt oder – in der Sprache der Sozialpsychologie formuliert – „konstruiert" werden (Kelly 1955).

Man kann das Psychodrama als ein Medium verstehen, das Perspektiven schafft und eine Vielzahl von Möglichkeiten eröffnet, um Phänomene zu definieren. Es wird gemeinsam vom Protagonisten, vom Psychodramaleiter und von der Gruppe konstruiert (Anderson, Goolishian und Windermand 1987) und ermöglicht es, eine Fülle potentieller Szenarien zu erforschen. Es beruht auf Aktion, und es gibt sowohl den Beobachtern als auch den Handlungsträgern Gelegenheit, Verhalten auf unterschiedlichen Ebenen zu erleben und unter vielen verschiedenen Blickwinkeln zu betrachten. Da Erfahrung und Wahrnehmung die Überzeugung beeinflussen, die ihrerseits Einfluß auf das Verhalten ausübt, schafft das Psychodrama durch die Inkorporation der Ideen, Wahrnehmungen und Verhaltensweisen nicht nur des Protagonisten, sondern zahlreicher Personen rekursive Kreisläufe, die dann wiederum auf die Beziehungen zwischen Überzeugung, Wahrnehmungen und Verhalten zurückwirken.

Das Psychodrama bedient sich der Fülle möglicher Ideen, Gefühle und Aktionen, um Gelegenheiten zu schaffen, die Art und

Weise ihrer wechselseitigen Verbindungen zu bestimmen. Statt Phänomene oder Überzeugungen in Dualitäten oder Pluralitäten zu unterteilen, sucht das systemische Denken nach dem Zusammenhang zwischen scheinbar unzusammenhängenden Phänomenen oder Ideen und bindet sie in ein Gesamtmuster ein, das Dichotomien und Unterschiede auf einer höheren Organisationsebene oder unter einem breiteren Blickwinkel erfaßt (Fruggeri und Matteini 1991).

Auf diese Weise werden die im Psychodrama stattfindenden Ereignisse und Erfahrungen in einen Kontext eingeordnet, der ihre Definition und ihr Verständnis erleichtert. Das Psychodrama ist *das* Medium zur „Markierung von Kontexten" (Boscolo, Cecchin, Campbell und Draper 1985), insofern nämlich die Bühne den geeigneten Ort zur Herstellung und Veränderung von Kontexten abgibt. Als kollektives Projekt ermöglicht es darüber hinaus, daß aus der Interaktion von Grundannahme, Wahrnehmung und Verhalten sozial konstruierte Bedeutungen hervorgehen.

Meine eigenen Überlegungen zur Psychiatrie und Therapie wurden von der Position beeinflußt, die ich als praktizierender Arzt einnahm. Sie wiederum übte Einfluß darauf aus, welchen Berufungen ich folgte und wie ich arbeitete. In diesem Buch stelle ich die Anwendung des systemischen Denkens auf das Verständnis des Psychodramas sowie die Art und Weise dar, wie ich mir diese verschiedenen Ansätze in der allgemeinen psychiatrischen Praxis zunutze mache.

Entwickelt haben sich meine Gedanken während der Zeit, in der ich als Psychiater eine Vielzahl von Behandlungsmodalitäten zu praktizieren begann, die von einem traditionellen medizinischen Ansatz über verschiedene Individual- und Gruppentherapiemodelle bis zu einer Form der Konzeptualisierung psychischer Gesundheitsversorgung reichen, die unterschiedliche Arbeitsstile und theoretische Perspektiven zu integrieren vermag.

Diese Entwicklung meiner Überlegungen und meiner Arbeitsmethoden verlief parallel, da Theorie und Praxis einander wechselseitig beeinflußten, und diese Parallelität hat mich veranlaßt, über die Beziehung nachzudenken, in der sie zueinander stehen.

Ich bin der Ansicht, daß die psychiatrische Arbeit sowohl das Einzelgespräch zwischen Arzt und Patient zum Inhalt hat als auch verschiedene Modelle umfangreicherer Interaktionen, an denen beispielsweise Mitarbeiterteams und Familien beteiligt sind, Patientengruppen (in einem therapeutischen Milieu) und verschiedene andere Instanzen. Wenn man Spaltungen und Pluralismus vermeiden will, ist ein Ansatz notwendig, diese verschiedenen Methoden so zu konzeptualisieren, daß sie in einem einheitlichen Konzept miteinander verbunden werden, das sie alle berücksichtigt. Dieses Konzept muß auf die psychiatrischen Dienste und auf einzelne Personen (Personal, Familienangehörige und Patienten) anwendbar sein, so daß jede der verschiedenen Arbeitsformen zu allen anderen in einer Beziehung steht. Seit einigen Jahren trage ich zwei Titel, nämlich „Psychiater" und „Psychotherapeut" – der eine bezieht sich auf meinen Status und die Aufgaben, die von mir erwartet werden, der andere auf die Art und Weise, *wie* ich arbeite. Und ich bin froh darüber, beide Titel tragen zu können, da der eine ohne den anderen meinen Vorstellungen nicht gerecht würde.

Der Wert des systemischen Denkens wurde mir während meiner Arbeit mit Familien bewußt. Später ermöglichte es mir zudem, andere Formen der Arbeit mit Patienten, Personal- und Familienangehörigen sowie überweisenden Instanzen miteinander zu verbinden. Nach der Lektüre eines Beitrags von Fruggeri und Matteini (1991) nahm der Begriff der „Therapie" in einem staatlichen Gesundheitssystem für mich eine andere, je nach dem Kontext des Dienstes, in dem die „Therapie" durchgeführt wurde, spezifische Bedeutung an: Der psychische Gesundheitsdienst könnte „therapeutisch" wirken, wenn das Verständnis der Methoden der Gesundheitsversorgung eine Auswirkung darauf hätte, wie der Dienst praktisch funktioniert, und umgekehrt. Das Psychodrama wird als Methode betrachtet, gleichzeitig ein Individuum und eine Gruppe zu behandeln. Somit ist es ein Paradigma der Aufgabe, das, was spezifisch für einzelne Personen ist, gleichzeitig neben dem zu berücksichtigen, was sie mit anderen

20

gemeinsam haben, sei es eine bestimmte diagnostische Kategorie, ein unausweichliches Lebensproblem (etwa Trauer) oder die
Erfahrung, Mitglied einer Familie zu sein, Patient auf der Intensivstation oder in der Tagesklinik, Personalangehöriger in einem
bestimmten Beruf oder Teilnehmer einer Gruppentherapie.

In höherem Maße als jedes andere Medium, mit dem ich arbeite, behandelt das Psychodrama die Notwendigkeit, Individu-
elles und Allgemeines gleichzeitig zu konzeptualisieren. Es illustriert Möglichkeiten des systemischen Denkens und kann an
sich bereits als eine Form der systemischen Therapie verstanden
werden, die sich hervorragend mit anderen therapeutischen Medien verbinden läßt.

Meine Beschreibung des Psychodramas als einer systemischen
Therapie wird sich daher auch auf die Art und Weise beziehen,
wie systemisches Denken im allgemeinen Management von Patienten in einem staatlichen psychiatrischen Gesundheitsdienst
angewandt werden kann.

Dieses Buch hat weder die Psychiatrie als solche zum Gegenstand noch das systemische Denken, wie es auf die Familientherapie oder -konsultation angewandt wird (hierzu vgl. Campbell
et al. 1989 sowie Jones 1993). Und ebensowenig ist es als
Handbuch zum Psychodrama gedacht (hier empfehle ich Blatner
und Blatner 1988, Goldman und Morrison 1984, Kipper 1986 sowie Kellermann 1992). Eine Zusammenstellung der wichtigsten
Schriften J. L. Morenos, des Begründers des Psychodramas, ist in
The Essential Moreno (hg. von J. Fox, 1987) enthalten. Eine jüngere Darstellung der Anwendung des Psychodramas in der von
J. L. Moreno und Zerka T. Moreno durchgeführten Behandlung
einer Familie findet sich in dem Kapitel „Time, space, reality and
the family", verfaßt von Zerka Moreno, der bedeutendsten Re-
präsentantin von J. L. Morenos Werk, in Holmes und Karp
(1991). Eine erschöpfende Darstellung der postmodernen Praxis des Psychodramas enthält der Band *Psychodrama Since Moreno*
von Holmes, Karp und Watson (1994).

Ich setze voraus, daß der Leser mit der Systemtheorie vertraut
ist, wenngleich dies nicht bedeutet, daß er bereits über Kennt-
nisse hinsichtlich des Psychodramas verfügt.

Die in diesem Buch beschriebenen Psychodramasitzungen fanden mit Gruppen von zwölf bis zweiundzwanzig Teilnehmern statt, zu denen außer dem Psychodramaleiter jeweils zwei Angehörige des Pflegepersonals gehörten; 20 Prozent der Patienten befanden sich in stationärer Behandlung, die übrigen waren Tagesklinikpatienten. In der Mehrzahl der Sitzungen waren annähernd 60 Prozent der Patienten weiblich. Das Alter variierte zwischen sechzehn und fünfundsechzig Jahren.

Ich beginne mit der Geschichte meiner Erfahrungen, die ich in der Psychiatrie und durch die Arbeit mit verschiedenen therapeutischen Konzepten sammeln konnte. Im Anschluß daran konzentriere ich mich auf die Beschreibung des Psychodramas in der Sprache der systemischen Therapie. Dem folgen Illustrationen anhand von Erzählungen, die auf psychodramatischem Material beruhen, und schließlich untersuche ich im Rahmen einer Erörterung der Zusammenhänge zwischen dem Psychodrama und anderen Aspekten der Patientenversorgung Möglichkeiten, systemisch über die psychiatrische Betreuung im allgemeinen nachzudenken.

Erstes Kapitel
Psychiatriesysteme und Drama

Systemische Familientherapie

Die Familientherapie untersucht das System, so wie es sich dem Therapeuten und den Familienmitgliedern während ihrer Interaktion in einer Sitzung darstellt. Ich sage, „wie es sich darstellt", weil „es" nur in den Köpfen der einzelnen Mitglieder existiert. Jedes Mitglied betrachtet das System, ebenso wie auch der Therapeut, unter einem individuellen Blickwinkel; wäre es keine familientherapeutische Sitzung, sondern ein Psychodrama, würde jeder Teilnehmer seine eigene, unverwechselbare Darstellung der Familie präsentieren. Ein „korrektes" Porträt gibt es nicht. Das „Familiensystem" ist eine Abstraktion, der die während des gemeinsamen Dialogs auftauchenden Wahrnehmungen und Formulierungen der einzelnen Individuen, der Familienmitglieder und Therapeuten, zugrunde liegen (Anderson et al. 1987).

Das Ziel der systemischen Familientherapie besteht darin, es der Familie zu ermöglichen, sich in einer für die einzelnen Mitglieder stimmigen Art und Weise zu definieren. Das Feedback, das durch Techniken wie etwa das zirkuläre und reflexive Fragen aktiviert werden kann, hilft jedem Teilnehmer, sich selbst in seiner Beziehung zu anderen Mitgliedern der Familie deutlicher wahrzunehmen. Gemeinsam nutzen sie das aus dem Feedback resultierende Wissen um Differenzen zur Entwicklung einer Neudefinition, welche die Beschreibungen eines jeden Familienangehörigen berücksichtigt. Würde am Ende einer Phase systemischer Familientherapie jedes Familienmitglied sein eigenes

23

Psychodrama inszenieren, könnte man daher theoretisch erwarten, daß die einzelnen Familienporträts einander in höherem Maße ähneln werden als vor Beginn der Familientherapie.

Dies ist natürlich das Ideal – daß Familienmitgliedern gemeinsame Bedeutungen im Hinblick auf die gewünschten Operationsformen ihrer Familie klar werden und sie die individuellen Einstellungen und Verhaltensweisen im Einklang mit ihren Überzeugungen interpretieren können. Solche Überzeugungssysteme aber sind nicht statisch; wenn sie im Dialog erkannt und ausgesprochen werden, tauchen nach und nach, während die Familienmitglieder ihre unterschiedlichen Ideen in ein umfassenderes Bedeutungsmuster zu integrieren versuchen, die gemeinsamen Überzeugungskonfigurationen auf. Wie die „Gestalt" in der Gestaltpsychologie bleiben Überzeugungen nie unverändert gleich; sobald sie erfaßt werden, verschmelzen sie mit dem „Hintergrund", aus dem sie aufgetaucht sind, und werden in der Wahrnehmung des Subjekts durch andere Bilder ersetzt.

Damit ein Familiensystem überleben und sich entwickeln kann, ist es darauf angewiesen, Zugang zu dem umfassenderen sozialen System, dem es angehört, zu finden und Informationen seitens dieses Systems, das selbst wiederum kontinuierlichen Veränderungen unterliegt, nutzen zu können.

Familiengrenzen sind in unterschiedlichem Maße durchlässig, Zugangsmöglichkeiten, Wachstum und Trennung oder Tod aber sind in jedem Fall unvermeidlich. Während sich eine Familie im Laufe der Zeit entwickelt, verändern sich auch ihre Überzeugungen, denn sie passen sich den Übergängen im Lebenszyklus der Familie und den Schicksalen der Gesellschaft jenseits der Familiengrenzen an. Darüber hinaus werden sich einzelne Angehörige von den ursprünglichen familiären Überzeugungen differenzieren, um sich dem Leben außerhalb der Familie anzupassen. Wenn die Menschen sich selbst in ihren Beziehungen außerhalb der Familie genauso sehen würden wie in ihren intrafamiliären Beziehungen, könnten sich wahrscheinlich weder die Individuen noch die Familie angemessen entwickeln. Wenn Familienmitglieder an der individuellen Entwicklung der anderen Anteil nehmen und sie akzeptieren, können sie sich gemeinsam, mit relativ über-

24

einstimmenden Vorstellungen, entwickeln; wenn sie Unterschiede zu akzeptieren vermögen und einander dennoch verbunden bleiben, müssen sie ihre Individualität nicht vom Familienleben abspalten, und unter diesen Umständen können auch die übrigen Familienmitglieder ihre eigene Autonomie entfalten.

Wichtig ist eine Einheit (aber keine Uniformität), die auch Unterschiede zuläßt. Das unter dem Blickwinkel systemischer Therapeuten ideale Familienmodell umfaßt eine gemeinsam geteilte Grundannahme, die innerhalb des Rahmens, den die zusammengehörenden Mitglieder bilden, Individualität zuläßt oder fördert und zugleich Unterschiede respektiert. Dies möchte ich als eine Meta-Überzeugung systemischer Therapeuten bezeichnen: die Überlegung, daß Familienangehörige unterschiedlich sein und unterschiedliche Überzeugungen vertreten können, aber einander dennoch verbunden bleiben oder irgendwie zusammen „gehören".

Wenn die systemische Familientherapie versucht, über die Grenzen der Individualbehandlung einzelner Angehöriger hinauszugehen und die gesamte Familie in die Behandlung einzubeziehen, dann könnte man den Eindruck gewinnen, daß Psychodramen, die von Individuen über familiäre Probleme inszeniert werden, einer Familientherapie zuwiderlaufen. Beide Medien aber fördern die Differenzierung des Selbst. Während das Psychodrama einerseits einen höchst individuellen Charakter trägt, ist es andererseits zugleich eine in der Gemeinschaft gründende Gruppenaktivität. Mehr noch, gerade die Struktur und die Regeln eines Psychodramas ermöglichen es dem Protagonisten, seine Individualität zu entdecken. Ob wir uns in Familiengruppen befinden oder in fremden Gruppen – unsere Selbste entwickeln sich innerhalb von Beziehungen; wir entwickeln uns durch den Prozeß der Interaktion, und durch ihn werden wir uns unserer selbst als Individuen bewußt. Darüber hinaus können wir Unterschiede nur dann erfassen, wenn es auch Ähnlichkeiten gibt, vor deren Hintergrund sich diese Unterschiede ausmachen lassen (Agazarian 1993). Wir wachsen als Familien und als Individuen durch Identifizierung ebenso wie durch Differenzierung.

Psychodrama

Abgesehen davon, daß es eine dramatische Handlung auf der Bühne darstellt, exemplifiziert das Psychodrama den grundsätzlichen dramatischen Charakter menschlicher Interaktionen, indem sich Personen aufeinander beziehen und ihre Begegnungen danach reflektieren. (Ich spreche in diesem Buch durchgängig vom Psychodrama im klinischen Kontext und von seiner direkten Anwendung zur Erhellung und Lösung von Problemen, die mit gegenwärtigen oder früheren familiären Situationen zusammenhängen.) Wir nehmen in unserem Leben fortwährend dramatische Beziehungen auf, wenn wir einander in definierten Situationen begegnen. Unsere privaten Narrationen betreffen nicht Routineabläufe, sondern Neuigkeiten. Geschichten setzen die Unterbrechung der Routine voraus (Johnstone 1979). Das Bedeutsame und Interessante sind Verknüpfungen zwischen Vorgängen, die einen ansonsten alltäglichen oder vorhersagbaren Charakter tragen. Unsere Lebensgeschichten handeln von der Interaktion des Erwarteten mit dem Unerwarteten – das ist der Stoff der Komödie und der Tragödie. Hoffnungen werden zerschlagen oder gehen trotz aller Hindernisse in Erfüllung. Wir alle sind insofern dramatisch, als wir uns in dramatischen Zusammenhängen denken; uns ist bewußt, daß wir von den Personen, mit denen wir interagieren, beobachtet oder wahrgenommen werden (Brittan 1973). Wir konspirieren miteinander, um in unserem Leben unsere eigene Rolle zu gestalten, die Rolle des Opfers und des Tyrannen, des Verlierers und des Gewinners. Ebendies ist auch die Sprache des Dramas, das auf der Bühne inszeniert wird.

Analytische Psychotherapie ist ein Dialog. Um Bedeutung finden zu können, reicht es manchen Menschen bereits, Zugang zu ihren Gefühlen zu bekommen und sie mit Gedanken zu verbinden. Andere sind auf Aktion angewiesen; sie drücken sich nonverbal aus, um zu „zeigen" und zu „erzählen". Alltägliche Gesten geben zu erkennen, wie wir uns durch Bewegung – im Raum wie auch in der Zeit – ausdrücken. Als Amateurpianist weiß ich sehr wohl, daß die Musik, an die ich mich „erinnere", sich nicht in der Form „in meinem Kopf" befindet, in der man sie auf dem Notenpapier festhalten kann; sie wird erinnert, während ich meine Hände benutze. Ohne die Bewegung meiner Hände auf der Tastatur „wüßte" ich nicht einmal, daß ich die Details der Musik erinnere. Somit lerne ich durch die Aktion von mir selbst und über mich selbst.

Darüber hinaus kann ich durch die Handlung eine Narration in einen Bezugsrahmen setzen, ohne den Kontext meiner Erzählung durch zusätzliche verbale Ausführungen herstellen zu müssen. Die Handlung kann Worte ohne den Gebrauch weiterer Worte, die als Metadialog dienen würden, in einen Rahmen einfügen. Umgekehrt können Worte die Aktion markieren: Wenn der Inhalt einer Kommunikation aus Worten besteht, dann bildet die Handlung den Prozeß und vice versa. Im Drama sind Kennzeichnung des Kontextes und Kontext selbst simultan, und diese Unmittelbarkeit hat Auswirkungen auf die Akteure ebenso wie auf die Beobachter.

Auch Bewegung verändert die Bedingungen des Akteurs als Beobachter seiner selbst. So wie ein Pianist seine Musik hört, während seine Finger arbeiten, erlebt sich auch der selbstreflexive Akteur, während er agiert, in Aktion. Insoweit er die gleiche Szene anders sieht, wenn er die Position wechselt, nimmt er die anderen Personen, die sich auf der Bühne befinden, unter einem neuen Blickwinkel wahr.

Zwischen den Kontexten des Psychodramas und der Familientherapie bestehen wichtige Unterschiede. Auch wenn sich das Psychodrama häufig um die Familie dreht, stellt es für gewöhnlich die Aktivität einer Gruppe dar, in der sich einander fremde Personen zusammengefunden haben; an der Familientherapie hingegen sind Personen beteiligt, die bereits zu einer gut organisierten und seit langem bestehenden Gruppe gehören. Dieser Unterschied bringt erhebliche Konsequenzen mit sich. Ein Protagonist würde sich in einer Familiengruppe niemals in der gleichen Weise äußern wie auf der Psychodramabühne, die ihm die Freiheit gibt, sich ohne die durch die übrigen Familienmitglieder gesetzten Zwänge darzustellen; er muß auf ihre Gefühle keine Rücksicht nehmen und ist ihnen gegenüber anschließend nicht rechenschaftspflichtig – er kann zu seiner Familie zurückkehren, ohne daß diese weiß, was stattgefunden hat.

Doch selbst ohne die Anwesenheit seiner Familienangehörigen bleibt er gravierenden Beschränkungen unterworfen, die
mit dem familiären Einfluß zusammenhängen; vorausgesetzt,
daß sie ihm überhaupt bewußt sind, erlebt er diese Beschränkungen zumeist so, als wurzelten sie in ihm selbst. Das Psychodrama
kann ihm helfen, den Grenzen nachzuspüren, die er sich selbst
auferlegt. Es erforscht das Familiensystem, das er internalisiert
hat (Holmes 1992; Laing 1967).

Das Psychodrama ist ein Medium, das sich sowohl für Identifizierungen als auch für Abgrenzungen hervorragend eignet. Die
erste sogenannte „Einstimmungsphase", das „Warming-up", besteht aus einfachen Gruppenübungen, die es den Mitgliedern
ermöglichen sollen, Kontakt zueinander aufzunehmen. Sie entwickeln ein gemeinsames Gefühl des Zusammenseins, während
sie sich zugleich ihrer Ähnlichkeiten und ihrer Unterschiede
bewußt werden. Der Psychodramaleiter kann die Bildung von
Untergruppen fördern, um ähnliche Interessensbereiche, ähnliche Aktionsenergie und Gefühle zu betonen (Abbildung 1.1).
Unterschiede zwischen den Untergruppen können dann mit
Unterschieden innerhalb der Untergruppen verglichen werden
(Agazarian 1993). Irgendwann schließlich taucht ein gemeinsames Gruppenanliegen auf, das sich auf das Thema des Psychodramas und die Auswahl des Protagonisten für die Spielphase
konzentriert.

Das Drama regt, gleichgültig, ob es sich im „Leben" oder auf
der Bühne abspielt, zur Identifizierung an. Der Akteur muß auf
seinen Rapport mit dem Publikum achten, und die Zuschauer
wiederum müssen sich in den Akteur hineinversetzen. Das aufgeführte Drama ermöglicht ein Maximum an wechselseitiger
Identifizierung zwischen Akteuren und Zuschauern. Die Zuschauer sympathisieren mit dem Opfer, sie hassen den Verfolger
und erregen sich, wenn die Feinde einander bekämpfen. Die
Akteure wiederum nehmen die emotionale Anteilnahme der Zuschauer wahr. Die „Bühne" muß sich nicht im Theater befinden
– ein sportliches Ereignis, ein Schachturnier oder sogar das Sze

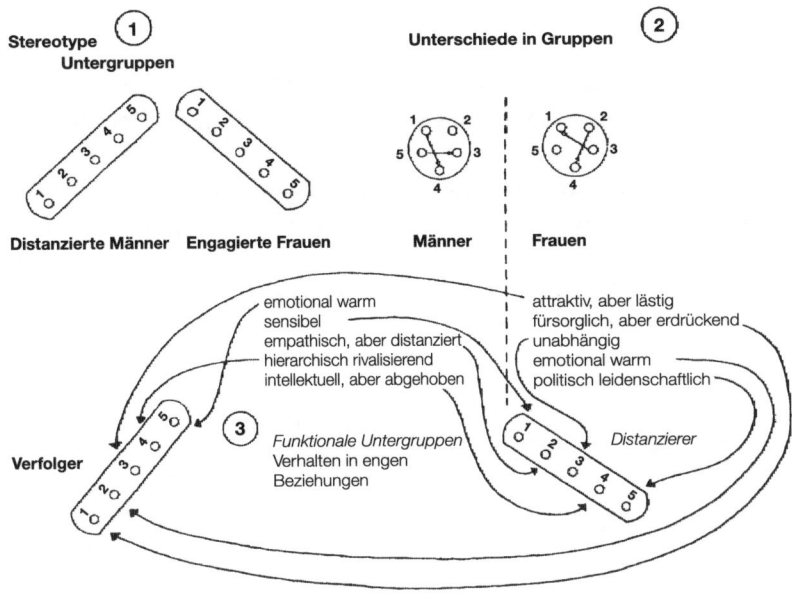

Abbildung 1.1

narium vor der Spüle in der Küche kann eine solche Bühne abgeben. Wo immer aber das Drama vonstatten geht, folgt der Prozeß bestimmten universalen Mustern, beispielsweise Wettbewerben, in denen es Gewinner und Verlierer gibt. Der entscheidende Unterschied zum Theater besteht darin, daß das Ergebnis hier bereits vor der Aktion feststeht.

Ein Psychodrama ist für gewöhnlich eine Geschichte, und folglich hat es einen Anfang, eine Mitte und einen Schluß. Es wiederholt keine eingefahrene Prozedur, und anders als das Schauspiel im Theater ist der Schluß, bevor man ihn tatsächlich erreicht, niemandem bekannt. Die Mitte ist durch das Aufbrechen etablierter Muster charakterisiert. Die Geschichte ist die des Protagonisten. Sie entwickelt sich, während sie auf der Bühne dargestellt wird. Nichts ist vorherbestimmt. Nichts wird im voraus geplant. Der Protagonist hat für gewöhnlich eine allgemeine Vorstellung von dem, was er tun möchte, aber weder er selbst noch irgendein anderer weiß, wie er die Szenen erleben wird

29

und wie die übrigen Beteiligten auf die Episoden reagieren werden.

Das heißt nicht, daß das Psychodrama keine Struktur besitzt. Es gibt einen psychodramatischen Prozeß, dem der Psychodramaleiter folgt, um es dem Protagonisten zu ermöglichen, seine Geschichte auf seine Weise erzählen zu können. Der Leiter beherrscht Regeln und Techniken, die es dem Protagonisten erlauben, die erforderlichen Rollen zu gestalten und zu fühlen, zu handeln und zu denken, während er sie porträtiert. Einsicht und Verstehen beruhen auf der Integration der mit anderen Gruppenmitgliedern geteilten und besprochenen Erfahrung.

Psychodrama als Systemtherapie

Die erste Funktion des Psychodramaleiters besteht darin, räumliche und zeitliche Grenzen zu setzen (Abbildung 1.2). Es gibt eine Bühne, den Ort des Geschehens. Es gibt eine Gruppe. Es gibt einen allgemeinen Kontext – die Erwartung dramatischer Handlung innerhalb der Gruppe. Es gibt eine zeitliche Sequenz: die Einstimmung, die Spielphase und als Abschluß die Nachbesprechung.

Was die allgemeine räumliche Struktur anlangt, so ist der Psychodramaleiter auf eine durchlässige Grenze zwischen den Agierenden auf der Bühne und den anderen Gruppenmitgliedern bedacht. Er veranlaßt die Mitglieder zur Teilnahme an den Szenen, und er beobachtet, wie die Gruppe auf die Aktion reagiert; die Zuschauer sind unverzichtbare Teilnehmer, deren Beiträge der Psychodramaleiter aufgreift. Ohne – reales oder implizites – Publikum als Betrachter der Handlung gibt es kein Drama.

Während der Handlung hilft der Psychodramaleiter dem Protagonisten, sich Zeit und Raum bei der Wahl des Settings sowie bei der Einleitung und Beendigung einzelner Szenen seiner eigenen Vorstellung gemäß zunutze zu machen. Er organisiert die Szenen so, daß sie in der Gegenwart spielen, auch wenn sie unter Umständen die Vergangenheit darstellen sollen oder eine hypothetische Zukunft, eine „Als-ob"-Situation oder eine Szene, die

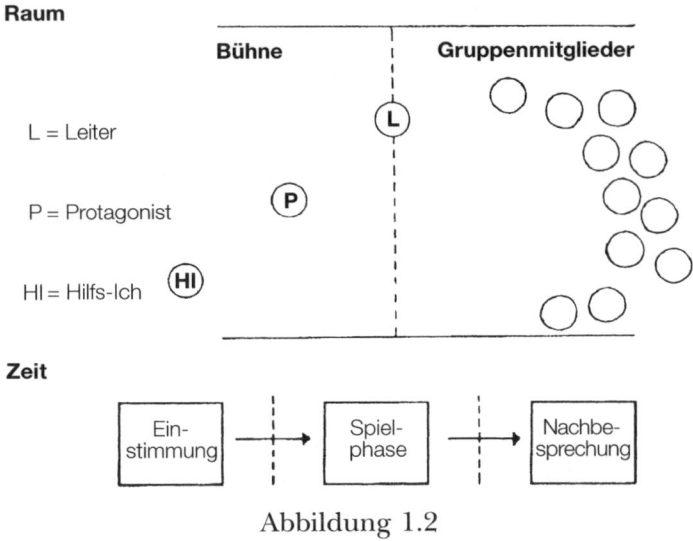

Der Psychodramaleiter setzt die Grenzen fest

Abbildung 1.2

eigentlich gar nicht möglich ist (eine sogenannte „Surplus-Realität"). Zu Beginn werden die Szenen möglicherweise zeigen, was „wirklich" geschehen ist; später jedoch interessiert sich der Psychodramaleiter vor allem für das, was nicht geschah, aber hätte geschehen können oder sollen.

Der Psychodramaleiter läßt Mitglieder der Gruppe als „Hilfs-Ichs" agieren und teilt ihnen Rollen zu, die Aspekte aus dem Leben des Protagonisten repräsentieren – innerhalb oder außerhalb der Grenzen seines individuellen Selbst. Wenngleich sie in erster Linie von dem Protagonisten ausgewählt werden, betrachtet man sie doch als Werkzeuge des Psychodramaleiters, die es dem Protagonisten erleichtern, sich in seiner Lebenssituation darzustellen. Diese Hilfs-Ichs repräsentieren typischerweise jene Personen, die im Leben des Protagonisten von signifikanter Bedeutung sind und mit denen er sein Drama inszeniert. So könnte die Handlung beispielsweise in der Gegenwart beginnen – alle relevanten Personen sind bei der Arbeit und finden sich anschließend in einer Familienszene zusammen, in der sich ein elementarer und unlösbarer Konflikt des immer gleichen Musters abzeichnet. Die Ähnlichkeiten werden erklärt, und der Protagonist hat nun Gelegenheit, das originale Drama durchzuarbeiten, um zu einer befriedigenderen Lösung zu gelangen. Die Erfahrung, daß dies tatsächlich möglich ist, und der Prozeß, in dem er mit Kräften in seinem eigenen Innern ringt, die ihm bislang nicht zugänglich oder nicht bewußt waren, vermitteln ihm Einsicht und ein Gefühl der Stärke. Diese Veränderung wird erreicht, indem er das, was in seinem Innern ist, externalisiert; so „sieht" und erkennt er, womit er sich innerlich bislang erfolglos auseinandergesetzt hat. Solche Konfliktmuster werden normalerweise im Laufe des frühen Familienlebens internalisiert.

Die Hilfs-Ichs stellen für den Protagonisten somit auch Manifestationen seines inneren Lebens dar. Das Drama beginnt für gewöhnlich mit der äußeren Darstellung eines fundamentalen, immer wiederkehrenden und ungelösten Konflikts, der sich im Innern des Protagonisten abspielt; sobald dieser Konflikt externalisiert wird, kann er sich ihm direkt stellen und etwas verändern. Durch die Veränderung dessen, was sich außen „abspielt", wird der Protagonist auch innerlich verändert, da er sich mit dem Konflikt auseinandersetzt und sich aktiv auf ihn einläßt.

Der Psychodramaleiter macht dies möglich, indem er dem Protagonisten hilft, den Charakteren seiner Geschichte Gestalt zu verleihen, so daß er ihnen in einer Weise begegnen kann, die ihm zuvor entweder unmöglich oder auch nicht wünschenswert erschien. Der Psychodramaleiter ist gewissermaßen ein Zauberer, der Möglichkeiten schafft. Der Protagonist erhält ständig Gelegenheit, Entscheidungen zu treffen. Auf der Bühne des Psychodramas ist alles, wirklich alles möglich. Dem Zeitverlauf steht nicht nur jede Richtung offen, die Zeit kann auch eilen, gemächlich fließen oder stehenbleiben. Sie kann in jedem beliebigen Augenblick gerafft oder angehalten werden. Der Raum kann verkleinert oder erweitert und beliebig gefüllt werden – indem der Protagonist seine innere Imagination in die von ihm wahrgenommene äußere Welt externalisiert. Indem sich der Psychodramaleiter die Metaphernsprache zunutze macht, kann alles durch alles repräsentiert werden, und durch den Prozeß der „Konkretisierung"

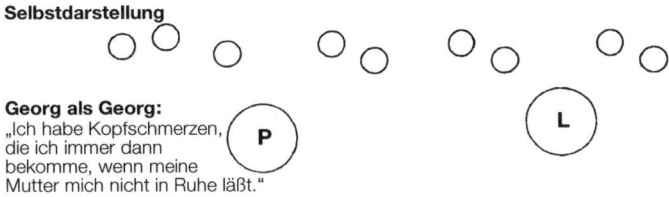

Selbstdarstellung

Georg als Georg:
„Ich habe Kopfschmerzen,
die ich immer dann
bekomme, wenn meine
Mutter mich nicht in Ruhe läßt.“

Abbildung 1.3

können Ideen oder Bilder in Form von Gegenständen oder Personen auf der Bühne räumliche Dimensionen annehmen.

Der Protagonist muß neue Möglichkeiten erfassen und anerkennen, und er muß zudem auch lernen, die Unmöglichkeiten zu akzeptieren. Er muß die Entscheidungen treffen. Der Psychodramaleiter zeigt auf, was vorstellbar wäre. Der Protagonist muß untersuchen und verstehen, bevor er sich entscheiden kann, und dann muß er seine eigene Entscheidung treffen. Um etwas zu erreichen, was ihm zuvor unmöglich oder nicht wünschenswert erschien, muß er die Dinge in neuem Licht sehen. Dies gelingt durch die Handlung. Statt passiv zu akzeptieren, was sich ihm anbietet, handelt er, und während er sein eigenes Drama aktiv gestaltet, erfindet er. Er entscheidet spontan, während er sich bewegt, und macht Entdeckungen, während er unter-

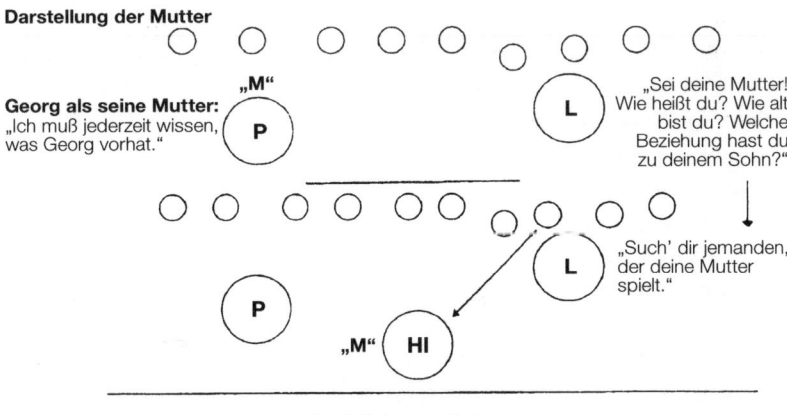

Darstellung der Mutter

Georg als seine Mutter:
„Ich muß jederzeit wissen,
was Georg vorhat.“

„Sei deine Mutter! Wie heißt du? Wie alt bist du? Welche Beziehung hast du zu deinem Sohn?“

„Such' dir jemanden, der deine Mutter spielt.“

Abbildung 1.4

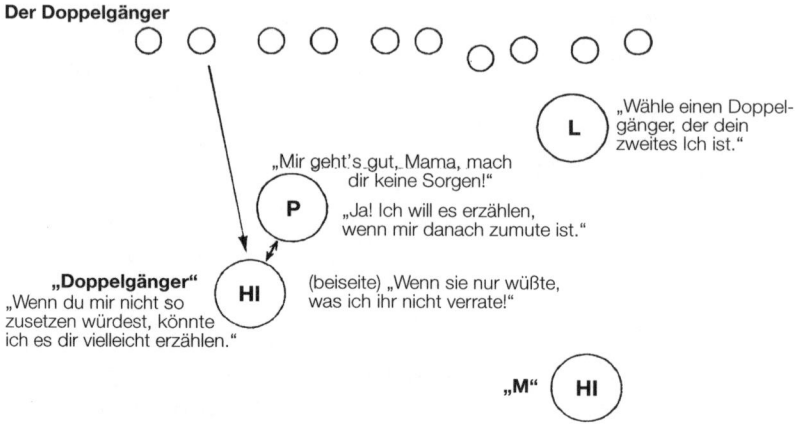

Der Doppelgänger

„Wähle einen Doppel-
gänger, der dein
zweites Ich ist." **L**

„Mir geht's gut, Mama, mach
dir keine Sorgen!"

P

„Ja! Ich will es erzählen,
wenn mir danach zumute ist."

„**Doppelgänger**"
„Wenn du mir nicht so
zusetzen würdest, könnte
ich es dir vielleicht erzählen."

HI

(beiseite) „Wenn sie nur wüßte,
was ich ihr nicht verrate!"

„**M**" **HI**

Abbildung 1.5

sucht. Schließlich wird er in der dramatischen Handlung so, wie
er erlebt. Psychische, geistige und körperliche Aktion verschmelzen miteinander.

Damit der Protagonist neue Möglichkeiten erkennen kann,
bedient sich der Psychodramaleiter (abgesehen von einer Vielzahl von Hilfsmethoden) bestimmter Grundtechniken, zu denen
auch die Aktivierung anderer Gruppenmitglieder als „Hilfs-Ichs"
gehört – Werkzeuge des Leiters, die (reale oder erfundene) andere Personen des Dramas oder Teile des Selbst des Patienten
darstellen. Der Protagonist spielt nicht nur sich selbst (so, wie er
ist, wie er war, wie er hätte sein sollen, wie er gerne sein möchte
usw.), sondern schlüpft darüber hinaus auch in die Rolle der
anderen Dramencharaktere, während er sie der Gruppe vorstellt
(Abbildung 1.3).

Gruppenmitglieder, die von ihm ausgewählt werden, agieren
dann als Hilfs-Ichs und übernehmen die Rollen der porträtier-
ten Personen (Abbildung 1.4). In seiner Rolle wird sich jedes
Hilfs-Ich so verhalten, wie es ihm selbst als Gruppenmitglied natürlich erscheint; der Protagonist oder der Psychodramaleiter
können einen Mitspieler korrigieren, wenn er die Rolle nicht
authentisch ausfüllt.

34

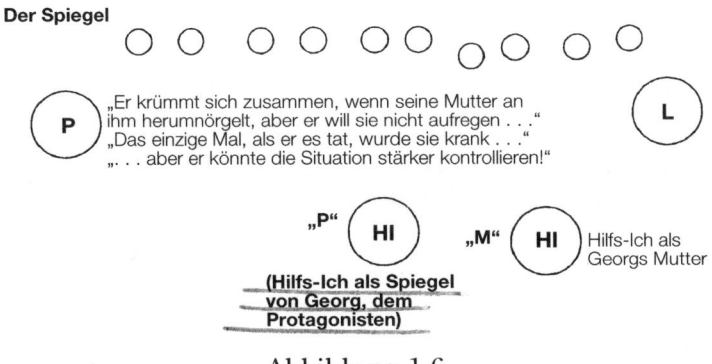

Abbildung 1.6

Ebenso wie die anderen an einer Szene beteiligten Personen kann auch der Psychodramaleiter dem Protagonisten vorschlagen, einen „Doppelgänger" auszuwählen, der unmittelbar neben und hinter ihm steht, um sich in ihn einzufühlen und um das, was der Protagonist selbst vielleicht empfindet, verbal aber noch nicht zum Ausdruck bringen kann, in Worte zu fassen (Abbildung 1.5). Der Protagonist hat Gelegenheit, das, was sein Doppelgänger gesagt hat, zu verändern oder zu verwerfen, in jedem Fall aber hat der Doppelgänger weitere Möglichkeiten eingeführt. Er wird als unterstützender Teil des Protagonisten erlebt, der sich ein wenig von der Aktion distanzieren und gleichzeitig laut nachdenken kann, während der Protagonist agiert oder spricht; diese Rollen können getauscht werden, so daß auch der Doppelgänger agieren oder sprechen kann, während der Protagonist reflektiert.

In einer anderen Technik tritt der Protagonist aus der Szene heraus, um sie aus der Distanz zu betrachten, während ein – als „Spiegel" bezeichnetes – Hilfs-Ich den Protagonisten repräsentiert (Abbildung 1.6). Der Protagonist ist auf diese Weise in der Lage, sich selbst wahrzunehmen und über den Spiegel zu reflektieren, ihn zu kommentieren oder auch anzusprechen. Die veränderte Perspektive erlaubt es ihm, neue Möglichkeiten oder Optionen für den weiteren Handlungsverlauf zu erkennen. Diese Interaktion mit dem Spiegel bringt die Reflexivität (Holland

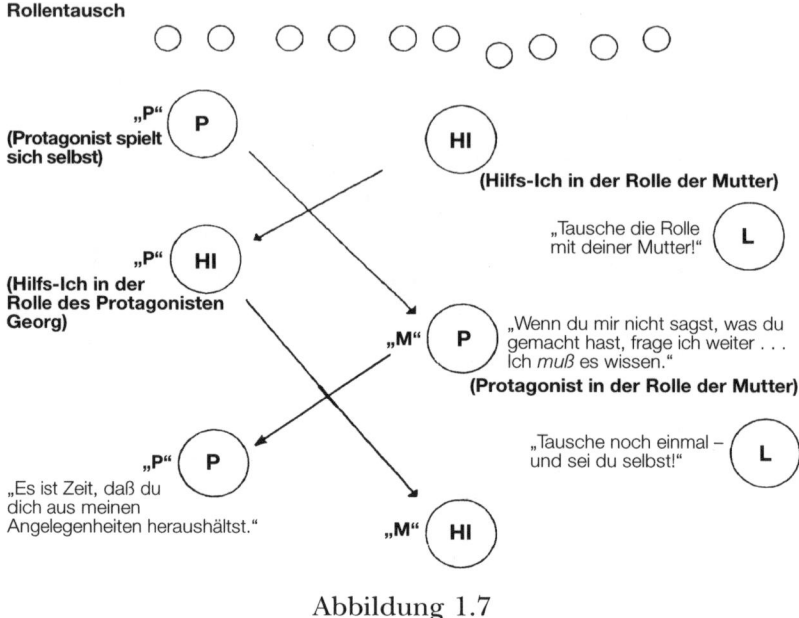

Rollentausch

"P" **P** (Protagonist spielt sich selbst)

HI (Hilfs-Ich in der Rolle der Mutter)

"Tausche die Rolle mit deiner Mutter!" **L**

"P" **HI** (Hilfs-Ich in der Rolle des Protagonisten Georg)

"M" **P** "Wenn du mir nicht sagst, was du gemacht hast, frage ich weiter . . . Ich *muß* es wissen." (Protagonist in der Rolle der Mutter)

"Tausche noch einmal – und sei du selbst!" **L**

"P" **P** "Es ist Zeit, daß du dich aus meinen Angelegenheiten heraushältst."

"M" **HI**

Abbildung 1.7

1977) des Dramas zum Ausdruck. Der Schauspieler auf der Bühne, der den dramatischen Aspekt der Conditio humana verkörpert, berücksichtigt während seiner Vorstellung das (reale oder imaginäre) Publikum; mit dem „Spiegel" tritt das Subjekt im realen Wortsinn aus sich heraus, quasi ins Publikum hinein, um seine eigene Situation anschaulich zu machen.

Die effektivste unter all den Techniken, die dem Psychodramaleiter zur Verfügung stehen, ist der Rollentausch. Der Protagonist und ein Hilfs-Ich tauschen ihre Plätze (Abbildung 1.7). In der Rolle des Hilfs-Ichs agiert der Protagonist mit dem Hilfs-Ich, das den Protagonisten porträtiert. Infolgedessen sieht der Protagonist sich selbst durch die Augen des Hilfs-Ichs und versetzt sich gleichzeitig in dessen Lage. Dieser Rollentausch wird in der Regel mehrmals wiederholt. Abgesehen von den zahlreichen Funktionen, die er erfüllt – die Bewegung an sich hat bereits eine Intensivierung der Interaktion zur Folge –, läßt er die bislang nicht erkannte und vielleicht unrealisiert gebliebene Be-

36

ziehung zwischen dem Protagonisten als Subjekt und dem Hilfs-Ich, ebenfalls als Subjekt, zur Inszenierung gelangen. Mit anderen Worten: Er verleiht der Art und Weise, wie der Protagonist sein Gegenüber als subjektives Wesen wahrnimmt, Gestalt. In Bubers Terminologie formuliert (vgl. Inger 1993), erhält die „Ich-Du"-Beziehung, die vom Protagonisten internalisiert worden ist, durch ihre Darstellung auf der Bühne greifbaren Ausdruck.

Der Rollentausch erforscht auch die Beziehung zwischen den subjektiven und objektiven Selbsten des Protagonisten. Der Protagonist ist nicht nur ein Subjekt; er ist zugleich auch das Objekt seiner eigenen, beobachtenden Subjektivität. Anders formuliert: In der Rolle einer anderen Person interagiert er nicht nur mit sich selbst, vielmehr beobachtet er zugleich auch, wie er sich auf sich selbst als Objekt bezieht. Im Rollentausch betrachtet der Protagonist in der Rolle einer anderen Person sich selbst ebenso als Objekt im Blick des anderen (ein „Es") wie auch als „Du" der anderen Person. Auf diese Weise werden ihm im Rollentausch durch seine Interaktion mit anderen seine eigenen Beziehungen zu sich selbst vor Augen geführt. Beispielsweise könnte sich dabei herausstellen, daß er sein Selbst so erlebt hat, als sei es in einen aktiv beobachtenden Geist und einen passiv erlebenden Körper gespalten. Darüber hinaus sind weitere subjektive Spaltungen dieser Art möglich.

Die irrige Vorstellung, daß das Selbst eine Einheit darstellt, die unter der Kontrolle des „Ichs" (oder „Ego") oder in direkter Beziehung zu ihm operiert, wurde vor einiger Zeit von Symington (1993) einer Revision unterzogen. Er beschreibt, daß einzelne „innere Persönlichkeiten" oder Teile des Selbst relativ unabhängige Aktionsquellen darstellen können. Der Körper selbst jedoch wird häufig als eine „Sache" oder als ein „Es" wahrgenommen (Laing 1959).

Ein interessantes Merkmal des Rollentausches besteht darin, daß ein Stuhl oder ein Hilfs-Ich ins Spiel eingebracht werden kann, um den Körper, einen Teil des Körpers oder ein inneres Selbst, eine innere Persönlichkeit, zu repräsentieren; wenn der Protagonist mit seinem (durch einen Stuhl oder ein Hilfs-Ich

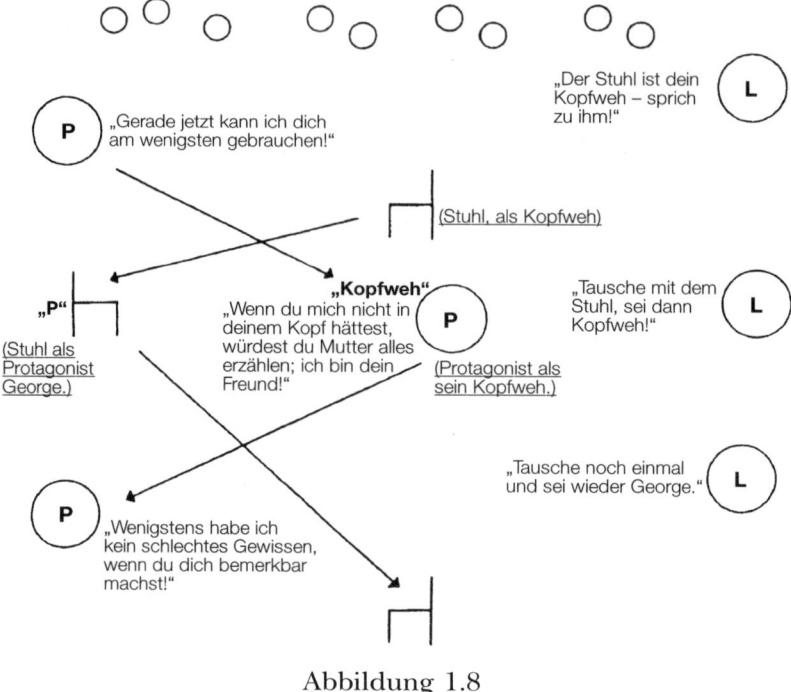

Abbildung 1.8

repräsentierten) „Körper" die Rollen tauscht, merkt er, daß er als sein „Körper" zu „sich selbst" sprechen kann. Mit anderen Worten: Er identifiziert sich mit den Personen und den Teilen seiner selbst, die er herbeizitiert, und diese Teile können – auf der Bühne externalisiert – in einen Dialog einbezogen werden (Abbildung 1.8).

Wenn wir als Beispiel „Seele und Leib" betrachten, so werden diese mitunter als eine Dualität verstanden, im Rollentausch aber verhalten sie sich rekursiv komplementär zueinander (Keeney 1983). Im Grunde ist die Person des Protagonisten sogar mehr als nur die Summe aus Seele und Leib: Der Rollentausch kann als Kybernetik zweiter Ordnung verstanden werden. Es ist kein Zufall, daß man den Rollentausch als die „Maschine", als das Kraftwerk oder die Triebkraft des Psychodramas betrachtet. Die Interaktion wird konzentrierter und dynamischer, während der Rollentausch voranschreitet. Der Dialog wird pointierter und der Inhalt spezifischer.

Der Psychodramaleiter als Systemoperator

Während das psychodramatische Verfahren an sich bereits ein effektives therapeutisches Medium darstellt, trägt die Art und Weise, wie der Psychodramaleiter seine Techniken einsetzt, dennoch entscheidend zum Erfolg der Methode bei. Mitunter kann sich eine Szene entwickeln, wenn der Protagonist sie ganz alleine aufbaut, die Hilfs-Ichs einführt und mit jedem von ihnen die Rollen tauscht, während sich der Dialog entfaltet; der Protagonist benutzt das Medium aus eigener Initiative, um zu erforschen, was er entdecken muß, und zum Abschluß zu bringen, was der Vervollständigung bedarf. Für gewöhnlich aber weiß der Protagonist irgendwann nicht mehr weiter. Erstens fällt es ihm sehr schwer, gleichzeitig Hauptdarsteller zu sein und mit den anderen Gruppenmitgliedern zu verhandeln. Der Dreh- und Angelpunkt des Dramas besteht darin, daß man handeln und sprechen kann, ohne das, was gesagt wird, zu kommentieren oder zu korrigieren; normalerweise ist es wünschenswert, keinen Metadialog führen zu müssen. Zudem ist der Status des Protagonisten in einer Gruppe so beschaffen, daß er nicht gleichzeitig Protagonist und Psychodramaleiter sein muß; die Rolle des Protagonisten verlangt, daß er der Kontrolle enthoben ist.

Zweitens thematisiert das Psychodrama gleichermaßen das, was im Leben nicht geschieht oder nicht geschehen ist, wie das, was tatsächlich geschieht oder geschah. Der Protagonist benötigt ein zweites Augenpaar, das wahrzunehmen vermag, was sich seinem eigenen Blick entzieht.

Aus diesem Grund markiert der Psychodramaleiter die Handlung durch Zäsuren. Er unterbricht. Er erweitert. Er verbindet, was scheinbar nichts miteinander zu tun hat. Darüber hinaus entdeckt er als echter Systemoperator Ähnlichkeiten in mutmaßlichen Unterschieden und Unterschiede in dem, was ähnlich erscheint – ob dies nun spezifische Handlungsepisoden betrifft wie etwa eine symmetrische Eskalation des Dialogs oder die allgemeine Gestalt des Dramas, die ihm vielleicht ein gleiches Muster zwischen einer aktuellen Büroszene und einem Familienereignis aus der Kindheit offenbart.

Indem der Psychodramaleiter die Handlung unterbricht, um den Protagonisten, die Hilfs-Ichs oder die Gruppe zu befragen, wird er zweifellos als Lenker des Geschehens verstanden. Man könnte annehmen, daß der Protagonist unter solchen Umständen schwerlich zu seiner Individualität finden wird. Aber gerade die Kontrollfunktion des Psychodramaleiters erlaubt es dem Protagonisten, sich der normalerweise verborgenen Grenzen bewußt zu werden, die seinem eigenen Innern entstammen oder Einfluß auf ihn ausüben – Begrenzungen seiner Möglichkeiten, zu sehen, zu entscheiden, zu handeln. Die Bedeutung des Wortes „Kontrolle" ist an sich bereits eine soziale Konstruktion.

Die systemische Theorie betrachtet die körperliche Kontrolle, die ein Lebewesen über ein anderes ausübt, als nicht hilfreich, wenn diese Kontrolle bedeutet, daß der eine den anderen „dazu bringt", etwas zu tun, zu denken oder zu empfinden. Die Art und Weise, wie ein Organismus auf Reize reagiert, hängt von seiner eigenen Struktur ab (Maturana und Varela 1980). Ein Protagonist kann auf Informationen reagieren, wenn sie ihm so angeboten werden, daß sie für ihn eine Bedeutung haben; *ob* er aber reagiert und wie seine Reaktion aussieht, ist eine Frage, deren Beantwortung von ihm selbst abhängt. Der Psychodramaleiter „kontrolliert" streng genommen nur, was er selbst tut oder sagt. Seine „Macht" beruht auf dem Status, den ihm die Gruppe verliehen hat, und eine der mit diesem Status verbundenen Rollen betrifft seine beobachtende Haltung (Maturana und Varela 1980). Er ist der einzige, der berechtigt ist, unabhängig von der Handlung der Hilfs-Ichs über die Bühne zu gehen. Die Gruppe hat ihm die Rolle eines sich bewegenden Beobachters übertragen. Der Psychodramaleiter kann wählen, von wo aus er beobachten will. Darüber hinaus kann er jedes Mitglied in der Gruppe oder auf der Bühne nach seinen Beobachtungen befragen.

Wenn Beobachtungen durch das Wahrnehmen von Unterschieden angestellt werden, dann sucht der Psychodramaleiter auch nach neuen Blickwinkeln, unter denen sich solche Unterschiede zeigen. Anders formuliert: Er ist auch ein „Metabeobachter" der Unterschiede. Er schafft die Bedingungen, die ein Feedback ermöglichen. Indem der Protagonist und die Gruppe gemeinsam neue Informationen aus frischen Feedback-Quellen beziehen, entwickeln sie sich zu einem in höherem Maße selbstkorrigierenden System. Unter den Bedingungen dieses Gruppensystems stellt also der Protagonist seine eigenen Verbindungen her und findet seine eigene Bedeutung. Der Psychodramaleiter hilft ihm, die Hinweise zu entdecken.

Der Psychodramaleiter trägt auch entscheidend dazu bei, den Prozeß überhaupt zu ermöglichen. Mit Zustimmung der Gruppe und in Kooperation mit ihr schafft er die Bedingungen für das Psychodrama. Er „markiert" zudem „den Kontext" (Boscolo et al. 1985), indem er die Handlung mit Zäsuren versieht. Er entscheidet, wann dem Protagonisten weitere Entscheidungsmöglichkeiten zu präsentieren sind oder wann ihm dabei geholfen werden muß, sich klar zu machen, daß er eine Entscheidung vermeidet oder der Verantwortung für eine bereits getroffene Entscheidung aus dem Weg geht.

Wann immer der Psychodramaleiter die Handlung unterbricht, interveniert er. Er spricht mit dem Protagonisten, mit einem Hilfs-Ich oder vielleicht mit der Gruppe und bittet um Kommentare seitens des beobachtenden Systems. Ein Teil der Handlung läßt sich vielleicht in modifizierter Form wiederholen (man kann einwenden, daß eine Wiederholung keine exakte Replikation sein kann; es wird zwangsläufig irgendeinen Unterschied geben, der aber als Hilfsmittel dienen kann). Der Psychodramaleiter kann den Protagonisten nach seinem Erleben befragen – was er sich von der Szene erwartet oder was seiner Meinung nach fehlt. Der Protagonist kann auch jederzeit aufhören, zu erläutern oder zu sprechen, und das gleiche Recht haben die Hilfs-Ichs. Das Selbstgespräch ist als dramatischer Kunstgriff ebenfalls höchst wirkungsvoll. Nicht nur vermittelt es der Gruppe „persönliche" Gedanken; er gibt dem Protagonisten auch Zeit und Raum, um mitten in einer Szene oder einem Gespräch nachzudenken.

Seinen größten Erfindungsreichtum beweist der Psychodramaleiter durch seinen Gebrauch der Metaphern. Wie bereits erwähnt, kann auf der Bühne alles durch alles repräsentiert werden. Wann immer möglich, werden die Symbole des Protagonisten selbst verwendet, und häufig verweisen sie bereits auf den Kernpunkt des Psychodramas. Stellen wir uns vor, daß sich ein Protagonist an seinem Arbeitsplatz eingesperrt fühlt wie in einer Kiste. Eine andere einengende „Kiste" dieser Art findet sich später vielleicht in seinem Familienleben oder in einer Kindheitserfahrung. Eine solche Kiste läßt sich durch Stühle oder durch Personen darstellen. Dies ist ein Beispiel für die Art und Weise, wie sich der Psychodramaleiter der Konkretisierung bedient, um das Abstrakte greifbar zu machen. Der Protagonist kann sich mit der Kiste unterhalten, er kann die Rollen mit ihr tauschen und sich körperlich mit ihr auseinandersetzen. Wenn die Kiste bestimmte Personen repräsentiert, können diese durch Hilfs-Ichs dargestellt werden, während der Protagonist unter Einsatz seiner Körperkraft darum ringt, mit Gefühlen in Berührung zu kommen, die bislang in ihm verschlossen waren und vielleicht nicht wahrgenommen wurden.

Das Psychodrama besitzt noch eine weitere grundlegende Eigenschaft, und sie betrifft die Wurzeln der Beziehung zwischen Familien, Religion und Staat. Mein Interesse am Psychodrama wurde vor allem durch seine offenkundige Universalität geweckt; es spricht das in uns an, was die Menschen zutiefst bewegt, und besitzt die Macht, ihre Phantasie durch seine Lebendigkeit und Intensität auf einer tiefen Ebene zu fesseln. Ebenso wie die Predigten von John Wesley oder die Redegabe des heiligen Paulus oder Martin Luther Kings hat es die Macht, Herz und Geist aller Menschen zu bewegen. Das Entscheidende waren die Bedeutung des Dramas und seine Anfänge im antiken Griechenland.

Platon war vom Drama nicht begeistert; er stand den niedrigen Gefühlen, die es den Darstellern unwürdiger Personen vermittelt, und den elementaren Leidenschaften, die es in den Zuschauern weckt, skeptisch gegenüber. Das Drama, so die Kritik, sei nicht lebenswahr. Andere hingegen sahen, daß gerade die Mehrdeutigkeit zwischen dem „Als-ob" und dem „Realen" (das

Spiel mit Unterschieden!) die Leute zum Drama hinzog. Das griechische Drama begann der Überlieferung zufolge mit dem ersten Bürgergericht, das Orestes des Mordes an seiner Mutter Klytämnestra anklagte. Heutzutage ist es seltener der Elternmord, über den die Gerichte als institutionalisierte Vermittler zu urteilen haben; entschieden häufiger ist es der Mißbrauch von Kindern durch ihre Eltern, der den sozial festgelegten Verfahren der Rechtsprechung unterzogen wird. Nicht ermordete Eltern bleiben ungerächt, sondern verletzte Kinder, die der Gesellschaft die Vergeltung überlassen müssen und für ihre berechtigte Wut kein Ventil finden, so daß ihnen zugleich auch das Durcharbeiten ihres persönlichen Kummers verwehrt bleibt.

Der Kontext des klinischen Psychodramas

Trotz der Universalität der dramatischen Inszenierung ist das Psychodrama allein nicht für jedermann das therapeutische A und O. Die Familientherapie hat sich mit dem Problem der Individualbehandlung eines „identifizierten Patienten", den die übrige Familie als Sündenbock oder Symptomträger betrachtet, auseinandergesetzt. Das Psychodrama könnte die Position häufig klären, wenn der Protagonist genügend Informationen vermittelt, es muß aber gegen die Macht einer Familie ankämpfen, jeden Differenzierungsversuch selbst eines einsichtigen und motivierten Individuums niederzuringen – vor allem wenn der Patient zu dieser Familie ständigen Kontakt hat. Darüber hinaus könnte das Beziehungsgeflecht zwischen dem Protagonisten und den übrigen Familienmitgliedern durchaus auch zur Folge haben, daß letztere auf Hilfe angewiesen sind, um sich den Veränderungen ihrer Beziehungsmuster anpassen zu können. Die Notwendigkeit, die Universalität des Psychodramas durch den systemischen Rahmen der Familientherapie zu modifizieren, macht einen breiten und tiefen Ansatz erforderlich.

Auf der Insel Guernsey, wo ich arbeite, kann ich in einer psychiatrischen Praxis für Erwachsene selbständig und auf eine für einen Klinikfacharzt unkonventionelle Weise tätig werden.

Die Bevölkerung, die hier lebt, ist gut überschaubar, so daß die Möglichkeit besteht, Kontakt zu verschiedenen Familienmitgliedern aufzunehmen oder sie nach einer Behandlung über lange Zeitphasen hinweg weiterhin zu beobachten. Ein anderer Aspekt der Arbeit in einer kleinen und umgrenzten Umwelt besteht darin, daß ein therapeutisches System vermutlich weniger Hierarchieebenen entwickeln wird. Dies ermöglicht es mir, in und an verschiedenen Positionen zu arbeiten: bei einer Familie zu Hause, in der Einzelbehandlung eines individuellen Patienten, mit einem heterogen zusammengesetzten Team auf einer Krankenhausstation, in einer Therapie- und Psychodramagruppe, mit den Gerichten und Sozialbehörden, mit den Ärzten im Krankenhaus, mit den Hausärzten, den Wohlfahrtseinrichtungen und gelegentlich auch auf politischer Ebene. Wie wichtig es ist, im Bereich der psychischen Gesundheit Entscheidungen hinsichtlich des Beobachtungsfeldes zu treffen, wird von Telfner (1991) betont.

Bei meiner Arbeit in diesen verschiedenen Bereichen habe ich festgestellt, daß den unterschiedlichen Ebenen des Hierarchiesystems, auf denen ich tätig wurde, je verschiedene Zeiträume entsprachen. Wenn die Situation sofortige Aufmerksamkeit verlangte, war es wahrscheinlich das Zuhause der betreffenden Familie, wohin der Sozialarbeiter für die Kinder, der Hausarzt oder die Polizei in Reaktion auf eine Krise gerufen worden waren. Die Interaktion der beiden Systeme – Familie und öffentliche Einrichtung – verlangt eine rasche Entscheidung, da sich alle nur kurze Zeit gemeinsam in dem Haus aufhalten können.

Auch auf der Klinikstation kann sich die Notwendigkeit einer sofortigen Entscheidung ergeben, wenn zum Beispiel das Pflegepersonal beschließen muß, wie es sich einem Patienten gegenüber verhalten soll, der seine Meinung plötzlich geändert hat und entlassen werden möchte. Kann man einen solchen Menschen zurückhalten? Was ist legal? Was ist gefährlich? Könnte der Patient zu Schaden kommen, wenn er das Krankenhaus verließe? Dies alles sind schwerwiegende Entscheidungen, und es bleibt nicht viel Zeit, um über sie nachzudenken oder sie zu diskutieren.

Bedauerlicherweise ist in solchen Momenten innerhalb eines sehr kurzen Zeitraumes häufig das gesamte Problem zusammengefaßt, das den Stationsaufenthalt des Patienten ursprünglich erforderlich machte; er hat möglicherweise versucht, den Zeitpunkt einer Entscheidung und den Zeitraum, in dem sie getroffen werden soll, zu bestimmen. Das Personal fühlt sich verantwortlich, der Patient aber bestimmt den Ablauf und verlangt konkretes Handeln – mit anderen Worten, eine Entscheidung. (Eine systemische Darstellung dieser Zwickmühle auf der Stationsebene findet sich bei Mason 1989.)

Diese inkongruente Hierarchie könnte daraus resultieren, daß bereits früher versäumt wurde, sich mit dem Patienten (und möglicherweise auch mit seiner Familie und/oder der einweisenden Instanz) über den Grund seines Aufenthaltes auf der Station zu verständigen. „Dringende" Probleme dieser Art tauchen offenbar nicht auf, wenn sich das Personal, der Patient, die Familie und die überweisende Instanz über den Grund für die Einweisung einig sind; unter diesen Umständen verfolgen alle den gleichen Plan und – im optimalen Fall – die gleichen Lösungsformen (de Shazer 1991). Natürlich ist es typisch, daß diese Ziele *nicht* identisch sind; dies ist tatsächlich sogar häufig der Grund dafür, daß das „Problem" überhaupt eine Klinikeinweisung erforderlich gemacht hat.

„Notfälle" der beschriebenen Art pflegen aufzutauchen, wenn der Plan gesprengt wird, weil der Patient Druck macht und die hierarchische Kontrollkette an der schwächsten Stelle bricht (Bateson 1979). Das Ergebnis besteht vermutlich darin, daß der Patient entweder „ausreißt" oder die medizinische und institutionelle Autorität ihren Einfluß auf die Situation geltend macht: man greift zu „härteren" Medikamenten und beruft sich auf die Gesundheitsgesetzgebung. Die inkongruente Hierarchie ist auf diese Weise korrigiert worden, und das Team hat das Timing wieder in der Hand! In diesem Fall ist die dritte Partei, die eine Entscheidung auf der Stationsebene erzwingt, kein Polizist, kein Jugendsozialarbeiter oder Hausarzt wie in dem vorangegangenen Beispiel. Diesmal verlangt das Gesetz, daß ein Patient entweder freizulassen oder unter Kontrolle zu stellen ist; es handelt sich um eine binäre digitale Operation, die nicht gleichzeitig Freiheit und Kontrolle zuläßt.

Vorfälle wie diese stellen sich je nach Beobachtungsstandort auf verschiedene Weise dar, und jede Perspektive ist von Nutzen. Ein Professor an einer Universitätsklinik, der auf einer Fallkonferenz das Wort ergreift, ist vielleicht besser als eine Krankenschwester auf der Stationsebene oder als der Patient selbst in der Lage, die Episode unter eine breitere medizinische Perspektive zu stellen. Zwischen der hierarchischen Ebene aber, auf der Probleme definiert werden, und der Art und Weise, in der ein medizinisches Modell Anwendung findet, besteht eine Beziehung. Unter einer allgemeineren Perspektive betrachtet, erfolgt die Klassifizierung eines Patienten nach dem Aspekt, inwieweit sein psychischer Zustand oder sein Verhalten mit dem anderer Patientengruppen übereinstimmt.

Unter einem Blickwinkel, welcher der Interaktion zwischen Patient und Krankenschwester näherkommt, eröffnet sich eine andere Möglichkeit, den Vorgang zu beschreiben: Patienten, die sich in Situationen wie der soeben geschilderten befinden, möchten häufig gleichzeitig in der Klinik bleiben und nach Hause gehen. Diese Ambivalenz ist im Rechtssystem nicht vorgesehen; allein das medizinische Modell vermag das widersprüchliche Verhalten eines Menschen zu integrieren: Der Patient wird als verrückt bezeichnet!

Wenn es jedoch gelingt, die verschiedenen Blickwinkel miteinander zu koordinieren, eröffnet sich unter Umständen eine Möglichkeit, das Phänomen so zu konzeptualisieren, daß die verschiedenen Perspektiven in einem Gesamtbild zusammengefaßt werden, und zwar in einem Gesamtbild, das – dem durch das binokulare Gesichtsfeld erzeugten dreidimensionalen Bild ähnlich (Bateson 1979) – mehr ist als nur die Summe seiner Teile.

Wenn der Patient, der zu Hause vom Arzt, vom Jugendsozialarbeiter und der Polizei aufgesucht wurde, zufällig auch der Patient wäre, um den sich der Zwischenfall auf der Station drehte, und wenn es für beide Vorgänge einen Zeugen gäbe, dann ließe sich das Problem in einer Weise formulieren, die beide Ereignisse miteinander verbindet. Ich könnte zum Beispiel mit einer

Familie und deren Arzt im Haus der Familie sprechen und entdecken, daß der Druck, einen Patienten einzuweisen, auf ein
Verhalten zurückzuführen ist, das gleichzeitig den Wunsch, eingewiesen zu werden, und die Ablehnung einer Einweisung zum
Ausdruck bringt.

Dieses Beispiel für die Arbeit auf verschiedenen Ebenen mit
Blick auf ein und dasselbe familiäre Problem illustriert auch, daß
in einem kleinen Gemeinwesen die Möglichkeit besteht, die Stelle zu wählen, von der aus ein Problem definiert oder eine Maßnahme vorgeschlagen werden kann. Normalerweise besteht die
Hierarchiestruktur einer Organisation aus festgeschriebenen Positionen, die permanent von bestimmten Personen beansprucht
werden.

Einem anderen Modell entsprächen hierarchisch angeordne-
te Rollen, die durch verschiedene, von einer Rolle zur nächsten
überwechselnde Personen ausgefüllt werden. Als Psychiater im
Krankenhaus befinde ich mich in der Rolle des Diagnostikers
und des Verantwortlichen für einen Plan, der das Gesamtmanagement eines Patienten regelt. Als Familientherapeut sitze
ich mit der erweiterten Familie, einem Freund der Familie und
ihrem Arzt im Gruppenraum, wo wir über ihre Unfähigkeit sprechen, ihrem auffälligen Kind angemessen zu begegnen, oder
über die vergeblichen Bemühungen des Ehemannes, seine Frau
unter Kontrolle zu halten. Als „diensthabender" Arzt auf der
Station diskutiere ich mit dem Pflegepersonal, wie wir es am
besten vermeiden können, von der Patientin gezwungen zu werden, sie unter Kontrolle zu nehmen. Später, als Psychodramatherapeut, könnte ich der Patientin dabei helfen, den Mißbrauch,
den sie als Kind erlitt, zu bearbeiten. Diese verschiedenen Rollen
ermöglichen es mir, ein Interventionsmuster zu etablieren, das
zwischen den verschiedenen Krisen in der Familie und auf der
Station einen Zusammenhang herstellt.

Dies erinnert an die Psychodrama-Bühne, auf welcher der Psychodramaleiter, der Protagonist und andere Mitglieder der
Gruppe ihre Positionen tauschen, um die Situation unter einer
anderen Perspektive zu erleben und wahrzunehmen und ihre
Rollen den Anforderungen des Dramas entsprechend zu modi-

fizieren. Es ist der Psychodramaleiter, der sich, unterstützt von der Gruppe, die Autonomie sichert, mit Hilfe der Spontaneität der Gruppe die geeigneten Rollen zu finden, damit das Drama aufgeführt werden kann. Durch den Gebrauch seines eigenen Rollenrepertoires als Psychodramaleiter aktiviert er die Gruppenmitglieder, es dem Protagonisten zu ermöglichen, seine eigene Fähigkeit, die je erforderlichen Rollen zu finden, zu entwickeln. Das System der Rollenübernahme in der Psychodramasitzung entfaltet seine eigene Kreativität in Reaktion auf die Spontaneität des Psychodramaleiters, die man nicht nur als Quelle neuer Informationen, sondern auch als Quelle eines neuen Interaktionsstiles betrachten kann.

Das Spiel ist zu Ende. Der Psychodramatherapeut ist wieder ein Psychiater, der aber nun auch versucht, seinen Beobachtungsstandort dem vorliegenden Problem anzupassen.

Zweites Kapitel
Ein Psychodrama
wird in Szene gesetzt

Die folgende Darstellung handelt von einem Psychodrama, das unmittelbar, bevor ich dieses Kapitel verfaßte, aufgeführt wurde; es illustriert eine Reihe systemischer Merkmale dessen, was man als „typisches" oder zufälliges Psychodrama betrachten könnte. Es wäre unangemessen, es als „repräsentativ" zu bezeichnen, da sich Psychodramen nur ausgesprochen schwer miteinander vergleichen lassen; es gibt über sehr allgemeine Grundzüge hinaus keine leicht erkennbare Norm.

Der Einfachheit halber wird das Warming-up in der nachfolgenden Erzählung nicht beschrieben (sie kann jedoch in vielen Fällen für die späteren Phasen von beträchtlicher Bedeutung sein). Die für das Psychodrama am besten geeignete Erzählzeit ist das Präsens.

Sue

Im Anschluß an das Warming-up der Gruppe findet in Form der Auswahl des Protagonisten der Übergang zur Spielphase statt. Gewählt wird Sue, 28 Jahre alt, und zwar unter anderem deshalb, weil es sich möglicherweise um ihre letzte Sitzung handelt. Sie ist zuvor niemals Protagonistin gewesen; seit zwei Wochen zeigt sie sehr deutlich, daß sie der Vorstellung, selber ein Psychodrama aufzuführen, mit ambivalenten Gefühlen gegenübersteht.

49

Diese Ambivalenz, die sich später während des gesamten Psychodramas als wichtiges Merkmal erweist, tritt zuerst bei der Aufgabe zutage zu entscheiden, ob sie die Rolle der Protagonistin übernehmen will. Sie sagt, sie sei einverstanden, wenn die anderen meinten, daß sie es tun „solle". Trotz ihrer offenkundigen Unsicherheit weist der Psychodramaleiter darauf hin, daß sie die Entscheidung in Wahrheit bereits getroffen habe (ein sehr wichtiger Schritt für Sue), auch wenn sie eine Bedingung formuliere. Es ist jedoch nicht klar, ob sie sich ohne die (vielleicht als Druck geäußerte oder wahrgenommene) Ermutigung seitens anderer Gruppenmitglieder ebenso „entschieden" hätte. Die Signifikanz dieser Unentschiedenheit wird später deutlicher.

Sue sagt, daß es vier Themen gebe, die zu bearbeiten seien. Sie werden durch vier Stühle repräsentiert: ihre Beziehung zu ihren Eltern, ihre Freßattacken, das Öffnen ihrer Pulsadern sowie ein Erlebnis mit ihrem Onkel, das in ihre Kindheit datiert. Das erste Thema scheint ihr das wichtigste zu sein. Eine aktuelle Szene ist rasch entworfen.

Ihre (durch Stühle repräsentierten) Eltern sitzen einander an einem Tisch gegenüber und essen. Sue sitzt zwischen ihnen und fühlt sich unbehaglich, wie ein Schiedsrichter. Dann wird sie aufgefordert, sich auf den Stuhl ihres Vaters zu setzen und seine Rolle zu übernehmen, im Anschluß daran die ihrer Mutter. In der Rolle ihrer Schwester Jenny schließlich, die vor sechs Jahren von Guernsey nach Deutschland übergesiedelt ist, beschreibt sie die Muster der familiären Beziehungen. Wir erfahren, daß auch Sue im vergangenen Jahr in eine eigene Wohnung gezogen ist. Es werden zwei Gruppenmitglieder ausgewählt, die den Vater und die Mutter repräsentieren sollen, und die Interaktionen entfalten sich mit Hilfe des Rollentausches.

Mit ihrem Vater unterhält sich Sue angeregt über Antiquitäten und Ornithologie. Die Mutter fühlt sich von dem Gespräch ausgeschlossen (sie und ihr Mann haben kaum gemeinsame Interessen). Der Vater hat den Hauptgang gekocht. Die Mutter probiert nicht von dem Dessert, das Sue zubereitet hat, erkundigt sich aber nach den Zutaten.

Aus Selbstgesprächen erfahren wir, daß der Vater keine zärtlichen Gefühle zeigen kann. Die Mutter aber ist warmherzig, umgänglich und attraktiv. Nachdem er erfahren hat, daß sich die Mutter mit einem anderen Mann trifft, hat sich der Vater mittlerweile womöglich noch stärker zurückgezogen. Zuerst gibt Sue indirekt zu verstehen, daß das unglückliche Beziehungsschicksal ihrer Eltern die Folge ihrer eigenen „psychiatrischen Erkrankung" sei, unter der sie seit zehn Jahren leide: Die Mutter habe sich wegen Sue solche Sorgen gemacht, daß sie außerhalb der Familie Unterstützung und Trost suchte. Im weiteren, durch Rollentausch ergänzten Dialog aber stellt sich heraus, daß es sich in Wirklichkeit ganz anders verhielt: Was die Fähigkeit betrifft, liebevolle Gefühle offen zu zeigen, so paßten Vater und Mutter nie wirklich gut zusammen. Ihre Entscheidung zu heiraten, kam unter Druck zustande, als sich der Vater aus Angst, die Mutter an einen anderen Mann zu verlieren, von seiner Tätigkeit in Übersee beurlauben ließ. Der Psychodramaleiter stellt Sues „Krankheit" nun unter eine neue Perspektive – sie bezog ihre Mutter so sehr ein, daß diese daran gehindert wurde, die Zärtlichkeit zu vermissen, die sie vom Vater nie bekam.

Die Mutter hat sowohl zu Sue als auch zu Jenny eine enge, liebevolle Beziehung. Da aber nur Sue nach wie vor in Guernsey lebt, fungiert sie als eine Art „Schiedsrichter": Indem sie das Interesse ihres Vaters an Antiquitäten teilt und ihre Mutter in ihre psychiatrischen Probleme einbezieht, scheint sie durch ihre Eltern „trianguliert" worden zu sein.

An diesem Punkt schlägt der Psychodramaleiter vor, ein früheres Thema zu erforschen, um die Genese der aktuellen Schwierigkeiten verstehen zu können. Sue möchte die Sache mit ihrem Onkel aufgreifen, die begann, als sie acht Jahre alt war, und sich bis in ihr fünfzehntes Lebensjahr fortsetzte. Sie erwähnt ein besonderes Ereignis, das vorfiel, als sie dreizehn war. In diesem Alter begann sie sich körperlich zu entwickeln, und ihre Weiblichkeit weckte extrem unbehagliche Gefühle in ihr. Der Psychodramaleiter spürt, daß sie an eine bestimmte Szene denkt, und schlägt vor, dieses Erlebnis zu untersuchen. Die Szene spielt sich an einem Sonntagabend im Wohnzimmer ihres Elternhauses ab. Sie sitzt alleine auf dem Boden. Ihre Familie und die Familie ihres Onkels halten sich in einem anderen Zimmer auf. Der Onkel tritt ein (dies ist Teil eines Routinevorgangs, den Sue erwartet). Er will sie sexuell mißbrauchen. Sue ist damit einverstanden, daß ihr Onkel durch einen schwarzen Sitzsack repräsentiert wird (es wäre für sie zu überwältigend, wenn ein Gruppenmitglied als Hilfs-Ich die Rolle des Onkels übernähme). Als sie mit ihrer Beschreibung der Szene fortfährt, wird sie so traurig, daß sie ihre Rolle nicht weiterspielen kann. Ein anderes Gruppenmitglied, Jill, wird gebeten, die Rolle der dreizehnjährigen Sue zu übernehmen (damit wird Jill, technisch formuliert, zu einem „Spiegel").

Dies ermöglicht Sue eine gewisse Distanzierung von der Handlung, so daß sie fortfahren kann, den Ablauf zu beschreiben und zu beobachten. Sie erklärt, was der Onkel nun mit Sue macht und daß sie es nicht will, daß es ihr weh tut und daß er weiß, wie elend sie sich fühlt.

An diesem Punkt fühlt sich Sue – während ihr Spiegel (Jill) auf dem Sack sitzt, als sei es der Schoß des Onkels – unfähig, ihre Erzählung fortzusetzen. Sie hat das Gefühl, wieder dreizehn Jahre als zu sein, sie hat Angst, fühlt sich hilflos und „böse". Sie schreit: „Ich brauchte ‚Sally', Sally mußte da sein." Sie erklärt, daß „Sally" eine Person ist, die sich nun „in" Sue befindet. Damals aber, als sie dreizehn war, gab es Sally noch nicht (zumindest wurde sie von Sue nicht wahrgenommen).

Der Psychodramaleiter kennt Sue nicht sehr genau, erinnert sich aber, gehört zu haben, daß sie unter einer multiplen Persönlichkeitsstörung leide. Er macht sich innerlich eine Notiz und beschließt zu beobachten, wie Sue die Person „Sally" einsetzt. Er bittet Sue, „Sallys" Rolle zu übernehmen, so als sei diese in jener Szene anwesend. „Sally" sagt, daß sie zornig sein könne: Sie hat Sues Handgelenke zerschnitten.

Der Psychodramaleiter schlägt vor, daß „Sally" als ein *Teil* von Sue sprechen solle, damit es Sues Psychodrama bleibe und nicht zu „Sallys" Stück werde. Diese Empfehlung ist auch wichtig, um ein Gefühl der Integration aufrechtzuerhalten und pathologische Spaltungen zu verhindern. Durch diese Modifizierung ist

Sue gleichzeitig Sue und „Sally", und sie kann den weiteren Fortgang der Szene beschreiben. Als Sues Spiegel (Jill) sich auf den
Boden legen muß, wird die Szene sogar für Jill allzu intensiv. Sie
kann ihre Rolle als Hilfs-Ich nicht länger spielen.

Der Psychodramaleiter muß sich um Jill und ihre überaus ver-
ständlichen Ängste kümmern. Gleichzeitig darf er nicht vergessen, daß es Sues und nicht Jills Psychodrama ist. Deshalb übernimmt Sue eine andere Rolle, nämlich diejenige einer fürsorg-
lichen Bezugsperson, die Sue selbst, als sie dreizehn war, nicht
hatte. Sie tröstet Jill, die nun wieder die Rolle der dreizehnjährigen Sue spielt. Gefragt, welche Gestalt die tröstende Sue wohl
sei, antwortet Sue, daß sie sich vorstellt, die Mutter zu sein, die
für sie selbst damals nicht in dieser Weise verfügbar gewesen ist.

Dem folgt ein wichtiger Rollentausch: Sue kann die Rolle der
verängstigten und unglücklichen Dreizehnjährigen übernehmen, da sie von der fiktiven, nun von Jill gespielten Mutter getröstet wird. Diesmal kann Sue die Ängste zulassen, die zuvor
allzu überwältigend waren. Dies ist die durch das Psychodrama
bewirkte Katharsis. Während sie von der Mutterfigur gehalten
wird, kann Sue ihren Schmerz und Kummer mit Worten und
unter Tränen zum Ausdruck bringen. Der Psychodramaleiter erklärt, daß sie diese Bemutterung, diese Erfahrung, „gehalten" zu
werden, brauche, bevor sie in der Lage sei, ihrer Wut angemessen Ausdruck zu verleihen.

Sue beginnt, ihrer Mutter (die sie nun tatsächlich so erlebt,
als sei es ihre reale Mutter) zu berichten, daß sie mit ihr nie über
den Vorfall sprechen konnte, obwohl es für sie nötig gewesen
wäre; ihre Mutter hatte sich nicht überwinden können, Sue zu
erklären, was es mit der Menstruation und Sexualität auf sich
hat; dies hatte zur Folge, daß die Gespräche und Witze der anderen Kinder in der Schule Sue verwirrten. In einem weiteren
Rollentausch erklärt Sue als Mutter, daß es ihr selbst aufgrund
ihrer Erziehung nicht leicht falle, offen über Sexualität zu sprechen.

Während dieses ausführlichen Zwiegesprächs erwähnt Sue
auch, daß sie sich als „böse und schlecht" empfunden habe.
Wenn irgend jemand sie zärtlich berühre, dann empfinde sie

„Schmerz". Sie sagt: „Es tut mir leid", so als entschuldige sie sich. Der Psychodramaleiter erklärt, daß Sue die Vorstellung, „böse" zu sein, in ihr Selbst aufgenommen habe, nachdem der Onkel ihr dies immer wieder nachdrücklich zu verstehen gegeben habe. Deshalb nehme sie *selbst* sich als „böse" wahr. Dieser Mechanismus ist Teil des Mißbrauchs – jemand wie Sues Onkel legt seine eigene „Schlechtigkeit" in eine andere Person hinein, um sich selbst besser zu fühlen.

Der Psychodramaleiter weiß, daß Sue wahrscheinlich irgendwann auch mit ihrer realen Mutter sprechen muß und daß bestimmte Informationen nur von dieser zu erhalten sind. Die Hilfs-Ich-Mutter (Jill) gibt Sue auf einen Wink des Psychodramaleiters hin zu verstehen, daß sie bei anderer Gelegenheit unter vier Augen mit Sue sprechen und ihr das, was sie wissen müsse, sagen werde. Es wird ein Übergang zur Gegenwart geschaffen, ein Vorspiel auf eine Gelegenheit, bei der die Protagonistin in der Lage sein wird, anders als im Psychodrama mit ihren realen Eltern zu sprechen.

Sue wird gefragt, ob sie eine Szene in der Gegenwart darstellen möchte, und sie entscheidet sich, sämtliche Familienangehörigen zu beteiligen. Die ursprünglichen Elterndarsteller (sowie eine weitere Mitwirkende in der Rolle ihrer Schwester Jenny) werden zurück auf die Bühne gerufen. Sue möchte in der Mitte bleiben, diesmal aber will sie ihre Angehörigen umarmen und alle zusammenhalten. Sie tut dies, und gemeinsam stehen sie lange in einem Kreis zusammen. Es ist für sie alle und auch für die zuschauende Gruppe sehr bewegend, als Sue berichtet, wie ihr Leben seit ihrer Kindheit beeinträchtigt wurde und wie sie es sich im Gegensatz dazu in der Zukunft wünscht. Sie kann anerkennen, daß sie es so erlebt, als sei sie nun mit ihrer realen Familie zusammen, und daß sie künftig vielleicht tatsächlich in der Lage sein wird, diese Szene mit den Familienangehörigen im wirklichen Leben zu realisieren.

Das Psychodrama endet in einer Atmosphäre, die von sehr warmherzigen Gefühlen, von Schmerz und Traurigkeit geprägt ist, Gefühle, welche die anderen Gruppenmitglieder im Zusammenhang mit ihrem eigenen Erleben als Hilfs-Ichs, aber auch

54

im Zusammenhang mit dem, was dies für sie selbst bedeutet, teilen.

Analyse des Psychodramas

Im folgenden möchte ich die in Sues Psychodrama enthaltenen Themen in der Terminologie der Systemtheorie analysieren.

(I) Landkarte und Territorium
(Aufgeführtes Drama – Reales Leben)

Jede Beschreibung ist – ungeachtet ihres Gegenstandes – eine auf einem Codierungsprozeß beruhende Abstraktion jener Unterschiede, die es der Person, der diese Beschreibung gegeben wird, ermöglichen, bestimmte herausragende Merkmale zu erkennen. Ein inszeniertes Drama enthält zwangsläufig wechselseitige Bezugnahmen zwischen der existentiellen Realität der Bühne und der Aktualität von Ereignissen, die sich außerhalb der Bühne abspielten oder abspielen und zur Darstellung gelangen. Zwischen den Personen (oder Gegenständen), die als Repräsentanten anderer Personen (oder Gegenstände) außerhalb der Bühne betrachtet werden, und denselben Personen oder Gegenständen, die erlebt werden, als stünden sie nicht einfach nur für diese Personen, sondern als seien sie tatsächlich mit ihnen identisch, besteht immer eine gewisse Uneindeutigkeit.

Sues Eltern werden in bestimmten Phasen durch Stühle repräsentiert, in anderen durch Hilfs-Ichs und gelegentlich auch, im Rollentausch, durch Sue selbst.

Dies wirft die Frage auf, was wir darunter verstehen, wenn wir sagen, daß etwas als „real" erlebt werde. Wenn jede „Realität" sozial konstruiert ist, dann gibt es keine zwangsläufige Inkonsistenz zwischen dem, was auf der Bühne „real" ist, und dem, was in Sues Elternhaus „real" geschah.

Die Realität auf der Bühne und die durch sie repräsentierte Realität des Lebens außerhalb der Bühne verhalten sich komplementär zueinander. Indem auf diese Weise zwischen Ideen unterschieden wird, lassen sich ohne Verwischung der Unterschiede Zusammenhänge zwischen ansonsten getrennten Erfahrungen und Phänomenen herstellen. Indem man einen Blickwinkel wahrt, der beide komplementäre Themen einer rekursiven Beziehung umfaßt, wird eine Spaltung in Dualitäten vermieden; man nimmt eine epistemologische Haltung ein, die beide Themen berücksichtigt. Im Fortgang der Aktion wird neues Material in das Modell inkorporiert, und das multiple Feedback seitens des Psychodramaleiters, der Protagonistin, der Hilfs-Ichs sowie der übrigen Gruppenmitglieder ermöglicht eine Neugestaltung der Themen auf der Grundlage des Oszillierens zwischen komplementären Gegensätzen wie etwa „Bühne" und „Leben".

Unter systemischer Perspektive betrachtet, läßt sich das Psychodrama daher im Hinblick auf seine verschiedenen komplementären Themen diskutieren:

(II) Rekursive Komplementärthemen

Ich verweise den Leser, der an einer detaillierten Darstellung der in diesem Abschnitt benutzten kybernetischen Konzepte interessiert ist, auf die von Keeney (1983) sowie Keeney und Ross (1985) beschriebene Kybernetik erster und zweiter Ordnung. Ich verwende das Zeichen

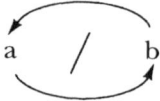

zur Kennzeichnung einer komplementären und

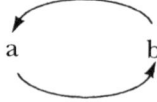

zur Darstellung einer symmetrischen Beziehung.

56

(1) Entscheidung – Unentschiedenheit:
    Was konstituiert eine „Entscheidung"?

Die Frage, ob Sue in dem Psychodrama die Rolle der Protagonistin übernehmen soll oder nicht, wird der Gruppe vorgelegt. Zunächst hat es den Anschein, als träfe Sue keine Entscheidung, dann aber fügt sie hinzu, daß sie die Protagonistinnenrolle übernehmen würde, wenn dies der Gruppe angemessen erscheine. Unter diesem Blickwinkel betrachtet, *hat* sie eine Entscheidung getroffen, die Entscheidung nämlich, sich der Entscheidung der Gruppe zu fügen! Das heißt, sie gelangt von

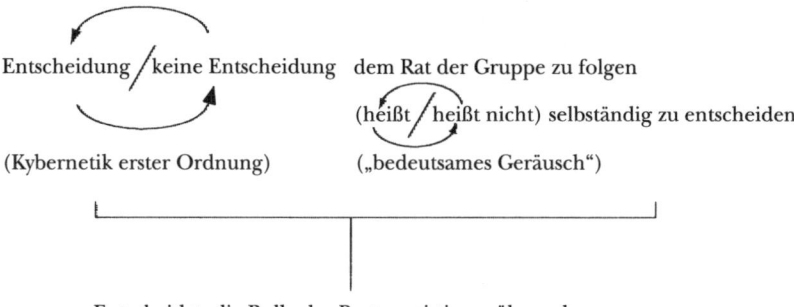

Entscheidung / keine Entscheidung   dem Rat der Gruppe zu folgen

(heißt / heißt nicht) selbständig zu entscheiden

(Kybernetik erster Ordnung)   („bedeutsames Geräusch")

Entscheidet, die Rolle der Protagonistin zu übernehmen

zu dem Konzept, daß sie „entschieden" hat, selbst wenn diese Entscheidung einer anderen Kategorie angehört als ein weniger kompliziertes und bedingungsloses „Ich will".

(2) Stühle – Stühle als Personen: Symbolisierung

Die Gegenstände entsprechen diesen Personen nicht vollständig. Die Stühle kennzeichnen (1) die Idee der Eltern oder bestimmter Elternaspekte und (2) deren Position im Verhältnis zur Protagonistin und zueinander – das heißt ihre Beziehung. Diese räumliche Einbeziehung gegenständlicher Symbole zur Kennzeichnung gedanklicher Konzepte oder abstrakter Bedeutungen wird als Konkretisierung bezeichnet (siehe Erstes Kapitel).
    Auf anschaulichere Weise repräsentiert der Sitzsack die Ge-

genwart des Onkels. Die schwarze Farbe des Sackes verweist auf ein unheilvolles Geschehen.

Sitzsack ◄——————► Sitzsack als Onkel

Diese Repräsentationen oder Symbole werden weder als bloße Gegenstände betrachtet noch uneingeschränkt als Personen; sie werden zwar als Personen und Stühle gesehen, zugleich aber doch so empfunden, als seien sie weder nur Stühle noch wirkliche Personen. Die Wahrnehmung der Totalität läßt Raum für ein genügendes Maß an Mehrdeutigkeit, so daß mit zwei Konzepten gespielt werden kann, und zwar nicht nur nacheinander, sondern simultan, bis der rekursive Prozeß insgesamt selbst mehr repräsentiert als nur seine konstituierenden Aspekte. Das Phänomen einer sich ständig wandelnden Konfiguration wird in der Sprache der Gestaltpsychologie zutreffend beschrieben.

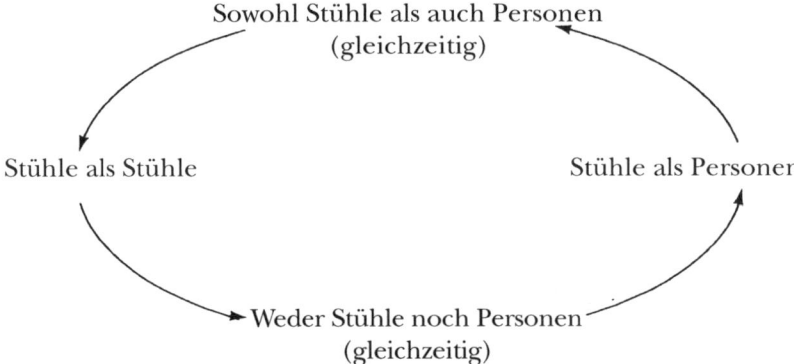

Sowohl Stühle als auch Personen
(gleichzeitig)

Stühle als Stühle

Stühle als Personer

Weder Stühle noch Personen
(gleichzeitig)

(III) Die Teile des Systems hängen wechselseitig miteinander zusammen

(A) Getrenntheit und Verbundenheit

Stühle ◄─────────► Themen

Die vier Stühle stehen jeweils für verschiedene Themen, mit denen Sue arbeiten möchte. Der systemische Ansatz verlangt, die Verbundenheit scheinbar unverbundener Phänomene zu betrachten. Sue sieht die Themen in der Reihenfolge ihrer Wichtigkeit – das Thema, das sie als erstes erwähnt, ist dasjenige, dem sie die größte Bedeutung beimißt. Der Psychodramaleiter regt an, die Themen miteinander zu verbinden, und vertritt die Ansicht, daß ein Ziel des Psychodramas darin bestehe, die Zusammenhänge sichtbar zu machen: Sues gegenwärtige Position gegenüber ihren Eltern, ihre Eßstörung, das Aufschneiden ihrer Pulsadern und die Situation mit ihrem Onkel lassen sich nur dann angemessen verstehen, wenn sie in ihrem Verhältnis zueinander gesehen werden.

(B) Ähnlichkeiten und Unterschiede

Gegenstand der Systemtheorie sind die Identifizierung und der Vergleich der Ähnlichkeiten und Unterschiede, die im Rahmen einer vorgegebenen Gruppe von Phänomenen zu beobachten sind.

*(1) Wahrnehmungen einer anderen Person
   (die Mutter, unter verschiedenen Blickwinkeln betrachtet)*

Sues eigene Wahrnehmung ihrer Mutter wird damit verglichen, wie Sue die Mutter in der Rolle ihres Vaters sieht und wie sie sich selbst in der Rolle der Mutter erlebt.

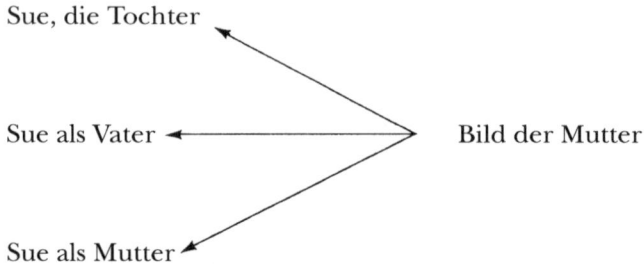

Wir erhalten drei unterschiedliche Wahrnehmungen: Als Sue hat Sue den Eindruck, daß sich die Mutter von der Unterhaltung zwischen ihr selbst und dem Vater ausgeschlossen fühlt. Der Vater hat den Eindruck, daß die Mutter ihn nicht wirklich will. Die Mutter sehnt sich nach der Zuneigung des Vaters.

Dies hilft Sue, die verschiedenen Wahrnehmungen ihrer Mutter zu objektivieren und zu externalisieren. Nicht ein einzelnes oder ein bestimmtes Bild von ihrer Mutter ist das „richtige" – die Bilder stehen vielmehr für die unterschiedliche Art, in der Sue sie sieht, und sie kann diese verschiedenartigen Eindrücke erst assimilieren, wenn sie erkannt hat, wie sie miteinander zusammenhängen. Diese Verbindungen werden untersucht, indem die Protagonistin und die Mitspieler im Psychodrama auf die frühere Beziehung der Eltern zurückgehen, die Sue unter einem neuen Blickwinkel zeigt, wie die Mutter ihre Art und Weise, den Vater wahrzunehmen, entwickelte. So wird Sues Eindruck von der Mutter verständlicher; sie vereint das Bild, das sich der Vater gemacht hat – also das Bild der Mutter, die ihn wegen eines anderen Mannes zurückweist –, mit dem Eindruck der Mutter, daß der Vater ihr niemals seine Zuneigung zeige.

(2) Wie andere einen selbst wahrnehmen
(wie Sue von ihrer Familie gesehen wird)

Um sich scheinbar unvereinbare Phänomene erklären zu können, hat Sue den „Grund" für diese Unterschiede in der Vergangenheit in sich selbst gesehen – insbesondere in ihren psychiatrischen Problemen, derentwegen ihre Mutter sich, wie sie glaubt, solche Sorgen gemacht hat, daß sie in einer Liebesaffäre Unterstützung und Trost suchen mußte.

Und Sue hat darüber hinaus noch ein weiteres Bild von sich selbst: Sie sieht sich als „Schiedsrichterin" oder als Retterin der Ehe ihrer Eltern, als jenen Menschen, der in einer Diskussion über Antiquitäten das Interesse des Vaters weckt und zugleich der Mutter die Wärme und Zuneigung entgegenbringt, die der Vater nicht zum Ausdruck bringen kann.

Das heißt, wie haben es hier mit einer weiteren Dichotomie zu tun:

Sue als Schiedsrichterin ◄———► Sue als Gefahr für die Ehe ihrer Eltern

Das wird zu:

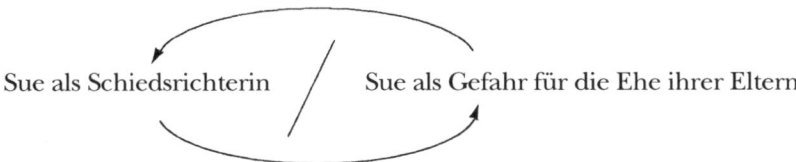

Sue als Schiedsrichterin / Sue als Gefahr für die Ehe ihrer Eltern

Das systemische Denken zielt sowohl auf die Anerkennung individuell unterschiedlicher Perspektiven als auch auf die Verbindung solcher Eindrücke. Sue zum Beispiel könnte simultan Schiedsrichterin und Verkörperung einer Gefahr sein: Wie die Rollen, die Sue porträtiert, definiert sind, hängt davon ab, wie alle drei (Mutter, Vater und Sue selbst) Sue sehen.

Was das Erleben und die Funktion sozialer Rollen betrifft, so gibt es bestimmte Erwartungen seitens wichtiger anderer Personen sowie Erwartungen des Subjekts selbst. Je besser diese Erwartungen übereinstimmen, um so intensiver kann sich ein Gefühl der Kohärenz (und Identität) im Selbsterleben des Subjekts entfalten. Diese unterschiedlichen Erwartungen sind, wie wir annehmen, ständigem Wandel unterworfen:

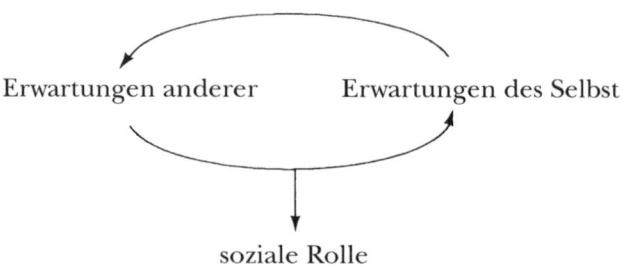

Erwartungen anderer   Erwartungen des Selbst

soziale Rolle

Wenn die Erwartungen innerhalb einer Familie allzu starr sind oder zu sehr differieren, ist mit einer gewissen familiären Dysfunktion zu rechnen. Eine optimale Rollenflexibilität setzt ein genügendes Maß an Übereinstimmung und Plastizität der Erwartungen voraus.

Darüber hinaus müssen sämtliche Veränderungen, die sich in den Erwartungen vollziehen, angemessen und reziprok sein. Es ist *eine* Sache, wenn Sue sich selbst als eine Gefahr für die Ehe ihrer Eltern betrachtet; eine ganz *andere* Sache ist es, wenn die Eltern ihrerseits in Sue ihre Schiedsrichterin sehen. Dieser Aspekt ist besonders gravierend, wenn diese gegensätzlichen Haltungen gleichzeitig zum Tragen kommen. Solche Unterschiede haben nichts miteinander zu tun, sie sind unvereinbar und wecken den Eindruck der Inkohärenz.

(3) Die unterschiedlichen Selbstwahrnehmungen der Protagonistin

(a) Beobachtendes Selbst und Spiegel. Ein weiteres Beispiel für die unterschiedlichen Perspektiven, die sich durch die Übernahme verschiedener Rollen eröffnen, ist Sues Verhältnis zu ihrem „Spiegel" – der Rolle, die Jill übertragen wurde. Solcherart externalisiert, kann Sue sich selbst als Dreizehnjährige betrachten und objektiver wahrnehmen; sie kann von sich selbst in der dritten statt in der ersten Person sprechen. Dies verschafft ihr genügend Distanz, um zu beschreiben und zu beobachten, was dem dreizehnjährigen Kind angetan wird, was das Mädchen erlebt und wie seine Umwelt ihrem Empfinden nach darauf reagieren sollte.

Sue, die Protagonistin ◄─────────── Sues Spiegel

Gleichzeitig erlebt Jill als der Spiegel sich selbst auch als Subjekt. Auch sie hat ein Bild von dem, was im Zimmer geschieht, entwickelt. Sie nimmt die Haltung des Kindes ein, das in ängstlicher Erwartung auf dem Boden kniet. Als sie Sues Kommentar zuhört, beginnt sie sich selbst als das Kind Sue zu erleben, so daß sie heftig zittert und weint.

Nun kann Sue sich selbst als Dreizehnjährige sehen, die vor Angst bebt. Dies wiederum intensiviert Sues eigene Erinnerung an das Erleben, während beide gemeinsam tiefer in die Szene hineingehen. Gegenseitig verstärken sie ihr Erleben, wenn Sue, die Protagonistin, Sue, den Spiegel (Jill), auffordert, sich auf den schwarzen Sack zu setzen (der nun den Schoß des Onkels repräsentiert), und der Spiegel wiederum zurückschreckt, weil Jill sich den Händen des Verfolgers hilflos ausgeliefert fühlt.

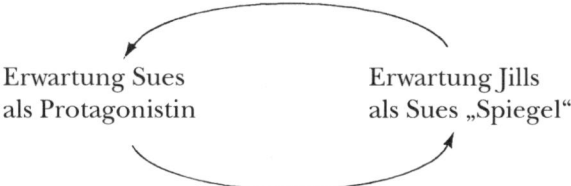

Erwartung Sues   Erwartung Jills
als Protagonistin   als Sues „Spiegel"

Dies ist ein kybernetisches System, das positives Feedback vermitteln soll und sich als „Irrläufer" erweist, als Jill, der Spiegel, ihrerseits weinend zusammenbricht und sich nicht länger unter Kontrolle hat.

Hier nun zeichnet sich ein Bereich der Ähnlichkeit ab: der Bereich der Identifizierung. Jill, der Spiegel, ist zu Jill selbst, dem Gruppenmitglied, geworden, das spontan mit den Gefühlen reagiert, die sie in der Rolle Sues erlebt.

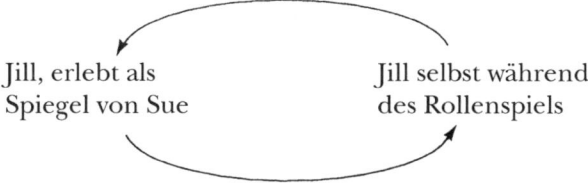

Jill, erlebt als   Jill selbst während
Spiegel von Sue   des Rollenspiels

Während Jill als Spiegel ihre Rolle vertieft, gibt sie der Protagonistin als Jill selbst Botschaften zurück. Und als sie schließlich neben dem Onkel auf dem Boden liegt, bricht sie, ohne dies geplant zu haben, zusammen, weil sie als Jill nicht noch mehr ertragen kann (der Psychodramaleiter vermutet, daß auch Jill eine solche Erfahrung in ihrem Leben gemacht hat; dies wird später von Jill bestätigt).

Nun beginnen Jill als Spiegel und Jill als Jill in Jills Erleben miteinander zu verschmelzen. Während dieses Prozesses beginnt sich auch Sue, die Protagonistin, stärker mit ihrem Spiegel zu identifizieren: Sue als ihr subjektives, beobachtendes Selbst und Sue als Objekt kommen in engeren Kontakt zueinander.

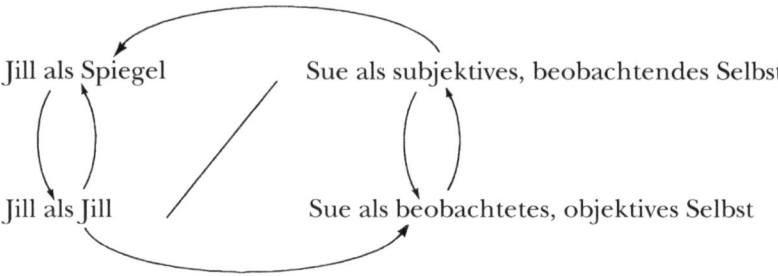

Jill als Spiegel   Sue als subjektives, beobachtendes Selbst

Jill als Jill   Sue als beobachtetes, objektives Selbst

(b) Subjektives Selbst (als Dreizehnjährige) nach dem Rollentausch mit dem Spiegel. Als Sue die Rolle jener Mutterfigur übernommen hat, die ihr selbst nie zur Verfügung stand, und sich mit dem – von Jill gespielten – Spiegel der dreizehnjährigen Sue konfrontiert, bittet der Psychodramaleiter sie, sich in die dreizehnjährige Sue zu verwandeln und Jill die Rolle der „guten" Mutter zu übertragen. Auf diese Weise kann sich Sue unmittelbar als das mißbrauchte Kind erleben, das seine Mutter benötigt (in diesem spezifischen Psychodrama wäre es allzu überwältigend gewesen, Sue sofort als subjektive Dreizehnjährige in die Handlung zu versetzen).

Dieser Prozeß wird unten schematisch illustriert; die Buchstaben in Anführungsstrichen verweisen auf die Rollen, jene im Kreis zeigen, ob die Rolle von der Protagonistin oder von der Mitwirkenden gespielt wird:

64

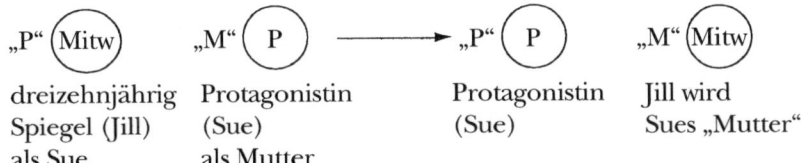

„P" (Mitw)	„M" (P)	⟶	„P" (P)	„M" (Mitw)
dreizehnjährig	Protagonistin		Protagonistin	Jill wird
Spiegel (Jill)	(Sue)		(Sue)	Sues „Mutter"
als Sue	als Mutter			

Sue kann nun vergleichen, wie die Situation wirklich war und wie sie hätte sein sollen. Statt einer Mutter, mit der sie über sexuelle Dinge nicht reden konnte, gibt es nun eine Mutter, die mit dem Thema umzugehen weiß und Sue unterstützen kann. Der Rollentausch wird fortgesetzt, während die Protagonistin zwischen ihrem dreizehnjährigen Selbst und der hilfreichen Mutter hin- und herwechselt.

(c) Subjektives Selbst in einer neu geschaffenen Rolle (als „gute" Mutter). Ein weiterer Aspekt dieses Rollentausches besteht darin, daß Sue selbst eine tröstende Mutter spielt. Als Jill zusammenbricht, übernimmt Sue spontan eine unterstützende Rolle, die sie dann während des Rollentauschprozesses weiterentwickelt. Dies ist nicht nur eine neue Erfahrung für Sue, sondern auch eine neue Entwicklung ihres Selbst; sie ist nun zum Urheber der Handlung geworden. Damit ist ein Wendepunkt sowohl im Psychodrama als auch in Sue selbst erreicht. Während Sue in der Mutterrolle selbstbestimmter wird, vollzieht sich während des weiteren Rollentausches der gleiche Prozeß in ihrer eigenen Rolle des Kindes Sue.

(4) Wie es war/Wie es hätte sein können

Der Rollentausch hat zu diesem Zeitpunkt noch einen weiteren Effekt. Nicht nur der Unterschied zwischen der Mutter, die Sue gebraucht hätte, und der Mutter, an die sie sich tatsächlich erinnert, kristallisiert sich deutlicher heraus, vielmehr wird auch das Verständnis der Protagonistin schärfer. Sie entwickelt ein deutlicheres Bild von den Schwierigkeiten ihrer realen Mutter, mit sexuellen Themen umzugehen. Niemand hatte die Mutter in deren Kindheit sexuell aufgeklärt, so daß es ihr nun peinlich war, Sue zu erklären, was es mit der Menstruation usw. auf sich hat. Die Einsicht in diesen Aspekt der Mutter erleichtert es Sue, deren Schwierigkeit anzuerkennen; Sue überlegt, ob sie versuchen soll, mit ihrer realen Mutter in der Gegenwart zu sprechen.

(5) Wie es tatsächlich ist/Wie es sein könnte

Dies ist ein Schritt hin zu der Fähigkeit, Unterschiede in Möglichkeiten wahrzunehmen. Sue ist in die Zeit ihrer Kindheit zurückgegangen und verbindet diese mit einer hypothetischen Zukunft, in der sie genügend Kraft zu finden hofft, um sich mit ihrer realen Familie auseinanderzusetzen. Der in dieser „Zukunftsprojektion" enthaltene Unterschied betrifft die Art und Weise, wie sie den Kontakt und die Gespräche bis zur gegenwärtigen Zeit gestaltete, und die Art und Weise, die sie künftig anstrebt.

(6) Ein Unterschied wird zu einer Ähnlichkeit:
Hilfs-Ichs „werden" zu Sues realen Familienangehörigen

Der Übergang von der Vergangenheit in die Zukunft wird hergestellt, indem Sue mit einer „imaginären" Familie spricht und sie umarmt, *als ob* es sich um ihre reale Familie handelte. Dies ist eine Form des *Spiels*, die nicht mit dem dramatischen und wirklichen Erleben der Mitwirkenden als Sues *realer* Familie identisch ist; dieses Erleben stellt sich später ein. Die Entwicklung hin zum „realen" Erleben vollzieht sich schrittweise, so daß der Protagonistin genügend Raum bleibt, um ihren eigenen Weg zu finden; durch den Versuch, sie zu erzwingen, würde der Psychodramaleiter möglicherweise Widerstände wecken. So umarmt Sue die Hilfs-Ichs als *Mitglieder* der Mitspielergruppe, bis diese nach gebührender Zeit und auf Anleitung des Psychodramatherapeuten hin Mutter, Vater und Schwester *repräsentieren*: Sue erzählt ihnen, was ihr als Kind zustieß. Während der Umarmung schließlich bringt der Psychodramaleiter die Möglichkeit zur Sprache, daß die „Mutter", der „Vater" und die „Schwester" auf der Bühne von ihr im Grunde wie eine „reale" Familie empfunden werden.

66

Sue bestätigt nachdrücklich, daß dies tatsächlich der Fall ist. Der auf einer dramatischen Phantasie beruhende Übergang vom Erleben einer Interaktion mit Gruppenmitgliedern zum Erleben der Phantasie, als wäre sie Realität, wurde vollzogen.

Sue, die „Familie" und die Gruppe sind tief bewegt, als sie, während Sue über die Leiden ihrer Kindheit berichtet, eng zusammenstehen und an Sues Erleben Anteil nehmen. Sie spricht darüber, daß sie es als körperlichen Schmerz erlebte, wenn irgend jemand sie anfaßte.

Dieser letzte Aspekt der Handlung des Psychodramas tritt zutage, als Sue den Unterschied zwischen dem Gefühl, das Zusammensein mit einer Familie zu *spielen,* und der Erfahrung, *tatsächlich mit ihr zusammen zu sein,* überbrückt; die Veränderung des Kontextes vom Spiel (oder „Als ob") auf der Bühne hin zu der authentischen Erfahrung, zu Hause bei ihrer realen Familie zu sein, ist von traum- oder tranceähnlichem Charakter. Das ist die dramatische Realität.

Wir sehen hier an einem Beispiel, daß ein systemischer Ansatz nicht nur verlangt, Phänomene innerhalb eines Kontextes zu sehen; vielmehr kann er den Kontext auch „markieren", indem er die Betonungen der Erzählung verändert. Wenn der Psychodramaleiter sagt: „Das ist Spiel", stellt er die Handlung in den Kontext des Spiels mit einer bestimmten Bedeutung („wir spielen, daß …"). Wenn der Psychodramaleiter sagt: „Das ist nun Ihre reale Familie im Wohnzimmer", verlagert sich der Kontext und wird zu einem „Spiel, reale Personen zu sein". „Jetzt seid ihr wirklich reale Personen" ist eine weitere Neudefinition, die, falls sie akzeptiert wird, die Erfahrung des „Spielens, daß …" transzendiert.

(C) Die Überbrückung von Dichotomien:
die Suche nach neuen Verbindungen im Anschluß an die
Definition neuer Unterschiede

Über die Herleitung von Zusammenhängen zwischen diesen wichtigsten komplementären Phänomenen hinaus thematisiert das Psychodrama (indirekt) auch die folgenden Dichotomien, indem es im Anschluß an die Definition der Unterschiede nach Aspekten ihrer wechselseitigen Beziehung sucht:

(1) Sue und „Sally"

Sie werden von Sue als getrennte Selbste betrachtet; Sue wird aufgefordert, Sally als Teil oder als Aspekt von Sue zu porträtieren, damit sie, statt die Verantwortung für die Selbstverletzung zu leugnen, sehen kann, daß sich das Problem nicht unbedingt auf die „Verantwortung" (hier ein soziales Konstrukt) beschränkt. Faktisch gesehen, hat sich Sue die Schnittverletzungen an ihren Handgelenken zugefügt, sie konnte jedoch nicht erkennen, wie sie die Situation auf andere Weise hätte bewältigen können: Sie muß die „Verantwortung" nicht zwangsläufig auf sich nehmen oder verleugnen! Auf diese Weise ist sie aber imstande, ihr Handeln in der Sache anzuerkennen.

(2) Beobachtende Gruppe und identifizierende (erlebende) Gruppe

Die Gruppe entwickelt sich von einer beobachtenden Rolle auf der einen Handlungsbühne durch den psychischen Mechanismus der introjektiven Identifizierung zu einer subjektiven, erlebenden und empathischen Rolle auf einer anderen Bühne – wo zum Beispiel in der abschließenden Familienszene viele Gruppenmitglieder von ihren Gefühlen überwältigt werden.

(3) Fühlen und Sein

Sues Wahrnehmung ihrer selbst als „böse" scheint dadurch verändert zu werden, daß die Gruppe sie als „nicht böse" wahrnimmt. Sie erkennt eine neue Möglichkeit: sie kann sich „böse" *fühlen*, ohne „böse" zu *sein*. Wichtig war es hier, die „Böse-Nichtböse"-Dichotomie zu vermeiden, indem die wechselseitige Beziehung zwischen dem Gefühl, „böse" zu sein, und der Zuschreibung böser Eigenschaften berücksichtigt wurde.

(4) Ursache und Wirkung

Man kann Sues Position im Verhältnis zur Ehe ihrer Eltern auf zweierlei Weise betrachten: Sue hat den Schluß gezogen, daß die Mutter Trost in ihrer Affäre suchte, weil die Krankheit ihrer Tochter sie so sehr bekümmerte. Der Psychodramaleiter zieht alternativ in Erwägung, daß Sues psychiatrischer Zustand der Mutter geholfen hat, ihrem Leben einen Sinn zu geben: er hat sie von einem unbefriedigenden Aspekt ihrer Ehe abgelenkt und diese zusammengehalten. Sue hat es darüber hinaus auch geschafft, eine ausgewogene Beziehung zu ihren Eltern herzustellen, indem sie mit ihrem Vater dessen intensives Interesse an Antiquitäten teilte.

Diese Neudefinition der Bedeutung von Sues Krankheit muß nicht der ganzen Wahrheit entsprechen, und selbst wenn sie zutreffend wäre, stellt sie zweifellos eine Vereinfachung dar. Sie ermöglicht es Sue aber, zum erstenmal zu erkennen, daß es für die unglückliche Beziehung ihrer Eltern möglicherweise andere „Ursachen" gibt als ihre Krankheit. Systemisch formuliert, wird auf diese Weise eine „Ursache-Wirkung"-Beschreibung ebenso wie eine „Entweder-oder"-Erklärung vermieden. An ihre Stelle tritt eine zirkuläre Kausalität, in der Sues Symptome für jedes Familienmitglied sowohl positive als auch negative Konsequenzen haben. Weitere Psychodramen oder familientherapeutische Sitzungen könnten diesen spezifischen Aspekt eingehender erforschen. Für Sue heißt all dies, daß sie im Anschluß an das Psychodrama aufhört, sich selbst oder irgend etwas in ihrem „Innern" die Schuld an der unglücklichen Ehe ihrer Eltern zu geben.

(5) Das Selbst „im Innern" und das Selbst „außen"

Eine weitere Dichotomie, die es zu überbrücken gilt, sind die Konzepte „Innen" versus „Außen". „Innerlich" fühlt sich Sue „böse" und zornig, während sie „außen" versucht, anderen zu gefallen; ihre Stimme klingt gedämpft, und sie kann keine Wut zum Ausdruck bringen. Da der innere Ärger nur von Sue wahrgenommen wird, erlebt sie sich selbst als Objekt, aber nicht als Urheber oder Subjekt der Wut. Sie hat das Gefühl, als richte sich die Wut gegen sie; sie spürt nicht, daß sie selbst sie erzeugt hat. Statt dessen erfindet sie ein anderes Selbst, das sie „Sally" nennt; so kann sie ihre Wut, nachdem sie ihre Arme zerschnitten hat, externalisieren.

Diese Dualität zweier parallel existierender Selbste wurde aufgelöst, indem der Psychodramaleiter Sue ermutigte, sich Sally nicht als getrenntes Wesen, sondern als einen *Teil* ihrer selbst vorzustellen; indem sie die Rolle Sallys übernahm, war Sue *gleichzeitig* Sally und Sue. Auf diese Weise erweiterte sich Sues Selbsterleben und -konzept, das „Sally" nun integrierte, statt sie weiterhin abzuspalten.

(6) Wut und Liebesbedürfnis

Sues eigene Wut auf andere wurde in dem Psychodrama nicht behandelt; die Wut muß in bezug auf ihr Gegenteil verstanden und bewältigt werden, und ebendies fehlte in Sue. Erst als sie von ihrer Mutter oder den Gruppenmitgliedern, die sie repräsentierten, gehalten wurde und spürte, daß diese sie mitsamt ihren aggressiven Ängsten akzeptierte und liebte und auf diese Weise die Gefühle unter Kontrolle hielt, von denen Sue selbst sich überwältigt fühlte, konnte sie mit ihrer eigenen Wut umgehen, ohne das Gefühl zu bekommen, zu desintegrieren.

Der Zusammenhang zwischen dem Gehaltenwerden und der Fähigkeit, mit seiner eigenen Wut umzugehen, wurde in dem Psychodrama zwar nicht direkt thematisiert, war aber dennoch indirekt in dem Wechsel von der angsterfüllten Szene mit dem Onkel zu einer stützenden und tröstenden Begegnung zwischen Mutter und Kind enthalten (der Psychodramaleiter erwähnte allerdings, daß dieses Gehaltenwerden das erste, elementarste Bedürfnis der Protagonistin sei). Danach sagte Sue, daß sie bis zu jener beruhigenden Szene jede Berührung als körperlichen Schmerz empfunden habe (vielleicht hatte sie ihre eigene Wut auf andere projiziert, so daß sie sich dann selbst als Objekt der Wut erlebte). Zu dieser Zeit wurde die Hilfsfamilie tatsächlich von der gesamten Gruppe unterstützt, die Sue einen umfassenderen Rahmen bot, um ihr dabei zu helfen, den Schmerz und die Ängste zu ertragen, die ihre Wut und der gefürchtete Kontrollverlust in ihr weckten.

(7) Autonomie und Kontrolle durch andere

Sue beendet das Psychodrama, indem sie spontan mit anderen spricht und frei von äußeren Zwängen eine Beziehung zu ihnen aufnimmt. Man muß sicherzustellen versuchen, daß sie nicht auf einen durch die Erwartungen des Psychodramaleiters und der Gruppe ausgeübten Druck reagiert.

Während des gesamten Psychodramas sind immer wieder Entscheidungen über den weiteren Verlauf zu treffen:

– Wann soll die Beschreibung in Handlung übergehen?
– Wann muß man dem Protagonisten Raum geben, damit er seine eigenen Lösungen finden kann, statt ihm Vorschläge zu machen?
– Soll die Vergangenheit erforscht werden, die Gegenwart oder die Zukunft?
– Handelt es sich bei einer spezifischen Szene um eine notwendige Begegnung oder um eine Vermeidung?
– Wann sollte ein Szenenwechsel stattfinden (dies ist eine der heikelsten Entscheidungen)?

Häufig werden diese Entscheidungen nach einer Verhandlung zwischen dem Protagonisten und dem Psychodramaleiter und unter hilfreicher Beteiligung der Gruppenmitglieder getroffen.

Überlegungen dieser Art tragen dem Autonomiethema konsequent Rechnung. Unter systemischem Blickwinkel betrachtet, gibt es keine „reine Autonomie", da alles Teil eines größeren Ganzen ist und von ihm beeinflußt wird. Das Psychodrama kann nicht immer den Weg des Protagonisten gehen (dem käme ein Monodrama am nächsten), weil ein Psychodrama einen Kontext benötigt, um ein Psychodrama zu sein! Die Mitglieder der Gruppe, die diesen Kontext ermöglichen, sind nicht autonom, und der Psychodramaleiter sollte sich selbst nicht als „Roboter" füh-

71

len. Sie werden nicht als Partialobjekte betrachtet, sondern als ganze Personen. Ebensowenig wie man nicht „nicht kommunizieren" kann, können sie nicht „nicht reagieren". Folglich wird der Protagonist bei den Personen, denen er während des Dramas auf der Bühne begegnet, und bei der übrigen Gruppe ein Feedback finden.

(IV) Der Psychodramaleiter als Organisator des Feedbacks (ein Operator kybernetischer Rekursivität)

Unter systemischem Blickwinkel betrachtet, gehört es zu den Hauptaufgaben des Psychodramaleiters, Gelegenheiten für Feedbacks an den Protagonisten zu schaffen und diesem dabei zu helfen, ein solches Feedback wahrzunehmen. Im Psychodrama besteht das Feedback aus Reaktionen auf das, was der Protagonist sagt oder tut. Wenn er diese Reaktionen erlebt, lernt der Protagonist etwas über die Auswirkungen seiner eigenen Gedanken oder Handlungen auf andere, wodurch er selbst wiederum unweigerlich beeinflußt wird. Autonomie ist nichts Absolutes, das man entweder besitzt oder nicht besitzt. Gleichwohl sucht man für gewöhnlich ein höheres Maß an Autonomie, vor allem dann, wenn der Eindruck einer allzu großen Rigidität und Kontrolle – durch das Selbst oder durch andere – besteht.

Daher muß sich der Psychodramaleiter fragen, wie er dem Protagonisten dabei helfen kann, ein Feedback auszulösen und zu interpretieren. Je stärker das Feedback ist, das ein Protagonist mit unflexiblen Einstellungen und starren Verhaltensmustern erhält, um so mehr Optionen und Entscheidungsmöglichkeiten eröffnen sich ihm und um so größer wird sein Autonomiegefühl – unter einer wichtigen Bedingung: Der Protagonist muß sich imstande fühlen, diese Entscheidungen auszuführen.

(V) Veränderung: Korrelationen von Überzeugung, Wahrnehmung und Handlung

Grundlegend für ein systemisches Verständnis der Veränderung ist der wechselseitige Zusammenhang zwischen Bedeutung (oder Überzeugung), Wahrnehmung (dem jeweiligen Blickwinkel entsprechend) und Vorgängen (Aktion/Verhalten). Der Zusammenhang zwischen Verhalten und Wahrnehmung läßt sich im Rahmen eines rekursiven Prozesses zwischen einem Akt und der aus ihm resultierenden Information beschreiben: eine kybernetische Einheit, in der das Feedback das ursprüngliche Verhalten beeinflußt.

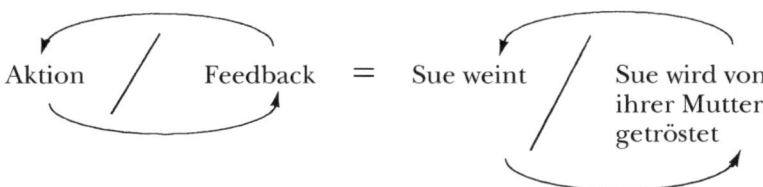

Sue erlebt es als einen Durchbruch, mit jemandem gemeinsam weinen zu können, und der Trost, den ihr die komplementäre Mutterrolle vermittelt, ist das positive Feedback, das diese Erfahrung verstärkt.

Hier ist noch ein weiterer Aspekt zu berücksichtigen, der die Art und Weise betrifft, wie der Protagonist das Feedback, das er bekommt, wahrnimmt: Was er selbst registriert, muß nicht unbedingt identisch sein mit dem, was der Psychodramaleiter oder die Gruppenmitglieder beobachten. Infolgedessen werden die Beteiligten das, was sie sehen, gegebenenfalls auch unterschiedlich interpretieren. Sue zum Beispiel erklärt, daß sie für den Vorfall mit ihrem Onkel verantwortlich gewesen sei, während die Gruppenmitglieder in ihr ein angsterfülltes, verwirrtes und hilfloses Opfer sehen.

Das durch diese psychodramatischen Techniken ermöglichte Bewußtsein für solche Wahrnehmungsunterschiede versetzt den Protagonisten in die Lage, seine Wahrnehmungen in einem anderen Licht zu betrachten und zu erkennen, daß es noch weitere

Möglichkeiten gibt, Phänomene zu erfassen. Auch hier gibt es mehrere Wege, um einen Protagonisten von einer allzu engen Sichtweise zu befreien. Der Protagonist wird letztlich nicht nur durch die Wahrnehmungen, sondern auch die Bewertungen dieser anderen Gruppenmitglieder beeinflußt, die sich in deren Verhalten (Aktion/Worte) niederschlagen. Auf diese Weise verwandelt sich der rekursive Zyklus

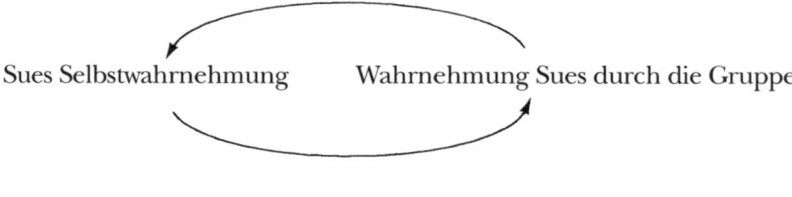

Sues Selbstwahrnehmung   Wahrnehmung Sues durch die Gruppe

in den rekursiven Zyklus

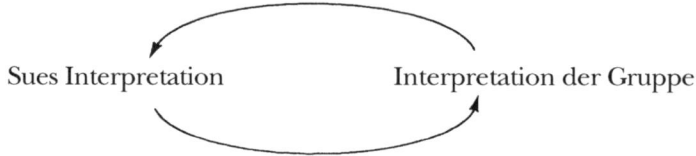

Sues Interpretation   Interpretation der Gruppe

Unterschiede in Wahrnehmungen und Überzeugungen sind ihrerseits bereits Teil eines rekursiven Prozesses:

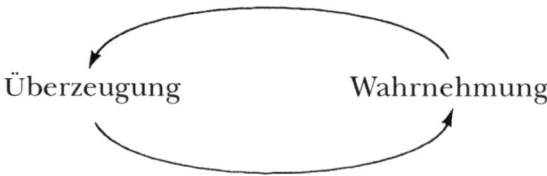

Überzeugung   Wahrnehmung

Sue empfindet „Schmerz", wenn sie körperlich von jemandem berührt wird – für sie ein Zeichen dafür, daß sie „böse" ist; dies ist ein weiteres Beispiel für ein positives, verstärkendes Feedback:

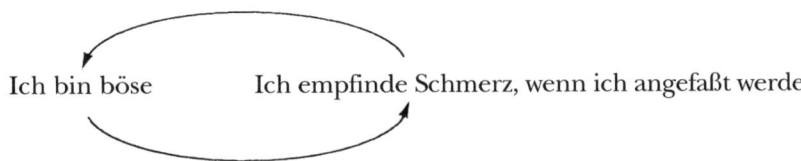

Ich bin böse   Ich empfinde Schmerz, wenn ich angefaßt werde

Dieses Muster wird durch die Wechselwirkung zwischen den übrigen rekursiven Prozessen während des Psychodramas aufgebrochen und wandelt sich zu

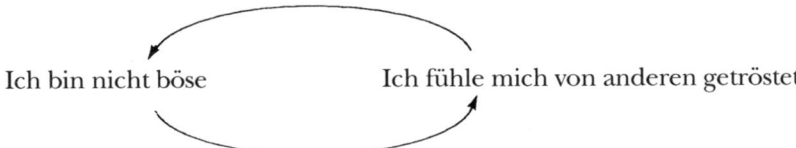

Ich bin nicht böse   Ich fühle mich von anderen getröstet

Solche rekursiven Prozesse zeigen, daß die Wechselwirkung zwischen Wahrnehmung, Aktion und Überzeugung im Psychodrama ein Stadium erreicht, in dem das Überzeugungssystem des Protagonisten und das der Gruppe einander wechselseitig beeinflussen, bis sich schließlich – wenn auch vielleicht nur indirekt – ein gemeinsames herauskristallisiert. Dies zeigt der folgende Kreislauf:

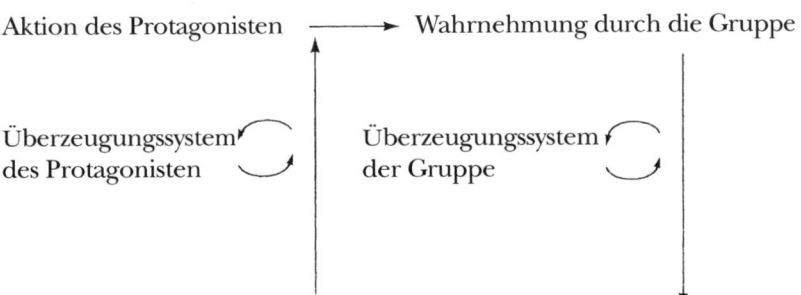

Aktion des Protagonisten   ⟶   Wahrnehmung durch die Gruppe

Überzeugungssystem des Protagonisten   Überzeugungssystem der Gruppe

Wahrnehmung des Protagonisten   ⟵   Aktion/Reaktion der Gruppe

Und noch ein letzter Aspekt dieser Wechselwirkung ist zu berücksichtigen – die Tatsache nämlich, daß das Psychodrama

ebenso wie andere Therapien mit dem Medium der Sprache
arbeitet. Veränderung wird durch die unterschiedlichen Bedeutungen beeinflußt, die sich je nach Verständnis des Kontextes an
Verhaltenssequenzen knüpfen. Bedeutungen werden durch Gespräch und Dialog organisiert (Anderson, in Vorbereitung). Die
allmähliche Entwicklung einer gemeinsamen Sprache ermöglicht einen Konsens zwischen dem Protagonisten, dem Psychodramaleiter und den Gruppenmitgliedern, die zum Beispiel zu
begreifen versuchen, was „böse" in diesem spezifischen Kontext
des Psychodramas und der Sprache bedeutet.

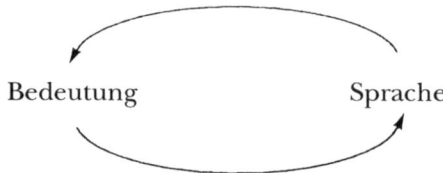

Bedeutung   Sprache

Drittes Kapitel
Die psychodramatische Erforschung transgenerationeller Psychiatrie: „Sünden der Väter"

In diesem Kapitel möchte ich zeigen, daß das Psychodrama nicht nur mit der Theorie des Familiensystems im allgemeineren Sinn, wie sie dem Mailänder Ansatz zugrunde liegt, sondern mit einem bestimmten konzeptuellen Modell der systemischen Familientherapie verbunden werden kann. Der „multigenerationelle Transmissionsprozeß", den Bowen (1978) beschrieb, definiert familiäre Dysfunktionen als Resultat eines über mehrere Generationen hinweg wirksamen emotionalen Systems.

Ein Großteil der Familientherapie gilt der Bearbeitung von Konflikten, die mit der Ursprungsfamilie zusammenhängen und von einigen Klinikern als die elementarsten Themen überhaupt betrachtet werden. Bowen (1978) begründete dieses Forschungsfeld, das von seinen Schülern, zu denen unter anderem Guerin (1976) und Fogarty (1978) zählen, weiterentwickelt wurde. Framo (1982) integrierte die Objektbeziehungstheorie, und Boszormenyi-Nagy (1981) entwickelte das Konzept einer Agenda ethischer Verpflichtungen, die ihre Gültigkeit über mehrere Generationen beibehält. Lieberman (1979) in England sowie Roberto (1992) in den Vereinigten Staaten haben transgenerationelle Theorien und Therapien kritisch untersucht. Diese und viele andere Kliniker betonen, wie wichtig es sei, daß Patienten, wann immer möglich, solche Themen direkt mit den betroffenen Familienangehörigen besprechen.

Sofern sich die Arbeit mit Herkunftsfamilien praktisch durch-
führen läßt, erweist sie sich als lohnend; häufig aber wird sie aus
denselben Gründen, die sie erforderlich machen, schwierig: Verwandte haben Angst, einander mit Dingen zu konfrontieren, die
ihrer Meinung nach Kummer und Leid wecken würden. Sie können Informationen und Gefühle, die Angehörige betreffen, lebenslang geheimhalten. Historische Fakten, geheime Allianzen,
Ressentiments aufgrund nicht erfüllter Verpflichtungen, das Gefühl, zeitlebens dankbar sein zu müssen, gespaltene Loyalitäten,
schmerzende alte Wunden oder leidvolle Enttäuschungen, die
in der Vergangenheit erlebt wurden, können Menschen unend-
lich lange quälen und an ihnen nagen, selbst wenn sie den am
stärksten betroffenen Personen gar nicht bewußt sind.

Mitunter wird der Kummer – und häufig der damit verbunde-
ne Zorn – sogar von dem leidenden Menschen selbst als derart
unannehmbar empfunden, daß er sämtliche Kontakte zu seinen
Verwandten abbricht und alle Gedanken und Gefühle, die einzelnen oder allen Familienmitgliedern gelten, verdrängt. Dieser
„emotionale Abbruch" wurde von Bowen beschrieben, der die
fundamentale Bedeutung entdeckte, die ein solcher Mechanismus sowohl für die Person, die den „Abbruch" herbeiführt, als
auch für die zurückbleibende Familie mit sich bringt. Wie tiefgreifend er sich auf das Subjekt selbst auswirkt, ist nicht immer
auf Anhieb klar; die Folgen kommen häufig erst ans Licht, wenn
sie sich in seiner eigenen, neuen Familie schmerzlich bemerkbar
machen.

Auch die zurückbleibende Familie hat einen Teil ihrer selbst
verloren und findet vielleicht keine Gelegenheit mehr, ihn zu-
rückzugewinnen und zu integrieren. Möglich ist jedoch auch,
daß der größte Teil der Familie eines seiner Mitglieder „abstößt",
um sich von unerträglichem Schmerz oder von einem scheinbar
unlösbaren Konflikt zu befreien.

Solche Konflikte werden für gewöhnlich niemals thematisiert,
weder von dem Individuum allein noch gemeinsam von den Familienangehörigen; man nimmt die „nicht abgeschlossene Angelegenheit" mit ins Grab.

Im Idealfall kann der Therapeut, sobald er Anhaltspunkte für solche intergenerationellen Themen gefunden hat, die Familie ermutigen, die Mitglieder der erweiterten Familie zu den therapeutischen Sitzungen mitzubringen. Dies ist jedoch nicht immer realisierbar; möglicherweise verweigern die Angehörigen auch ihre Teilnahme. Aber selbst in einem solchen Fall erweist es sich als hilfreich, die Betreffenden zu „coachen" (Bowen 1978), das heißt mit ihnen gemeinsam Strategien zu entwickeln, wie sie auf unkooperative Familienangehörige zugehen und sie zu einem Gespräch über heikle Angelegenheiten motivieren können. Auch Briefe an Verwandte, die weit entfernt leben (wie es bei emotional „abgeschnittenen" Personen häufig der Fall ist), können sehr hilfreich sein.

In vielen Fällen aber sind die Personen, die in derartige Konflikte involviert sind, bereits tot oder nicht mehr auffindbar. Hier erweist sich das Psychodrama als besonders effektive Hilfe, wenn es darum geht, die Ursprünge der Dysfunktion einer betroffenen Familie zu untersuchen und herauszufinden, was die einzelnen bereits „wissen" (ohne zu wissen, *daß* sie es wissen), und die Zusammenhänge und Verbindungen zwischen den Lebenden und den Toten aufzudecken. Nicht abgeschlossene Angelegenheiten können beigelegt werden, wenn man die Toten im Psychodrama wieder zum Leben erweckt.

Das vorliegende Kapitel folgt wie ein Herkunftsfamilienkonflikt dem umgekehrten Zeitverlauf (Abbildung 3.1), um zu illustrieren, welche Art von Denken notwendig ist, um von einem aktuell vorliegenden Problem zu seinen Ursprüngen in früheren Generationen zurückzugehen. Die Art der Frage – etwa: „Was sind die Gründe dafür, daß diese Person heute in dieser Weise und mit dieser spezifischen Schwierigkeit hier ist?" – wird aufgegriffen, indem ich mit dem Bericht einer Patientin und ihres Psychodramas beginne und dann frage: „Wie kam sie jemals zu dieser Gruppe, die am Psychodrama teilnimmt, und wieso inszenierte sie dieses spezifische Psychodrama an diesem spezifischen Tag mit dieser Gruppe von Leuten mit ihren je eigenen, unterschiedlichen Anliegen?" Wir beginnen deshalb mit der Spielphase des Psychodramas und untersuchen dann das Warming-up, die Einstimmungsphase, sowie die Auswahlmethoden der Protagoni-

kulturelles und soziales Milieu der 30er Jahre	Lucys (Herkunfts-) Familie	frühere familiäre Beziehungen	heutige familiäre Beziehungen	klinische Präsentation	Einstimmung (durch Soziometrie)	Psychodrama: Spielphase

Systemische Verarbeitung: Rückblickender Muster-Vergleich
Der Kontext des Kontextes

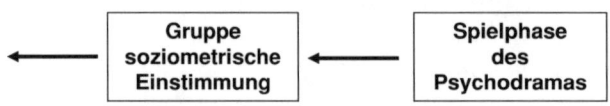

Abbildung 3.1

stin. Der Prozeß des zeitlichen Zurückgehens wird uns helfen, die multigenerationelle Transmission der Dysfunktion durch die Familie der Protagonistin zu verstehen.

Lucy

Lucy, eine ältere Dame von einundsechzig Jahren, die offenbar nie in ihrem Leben wirklich glücklich gewesen war, zeigte auf ein einziges Psychodrama eine signifikante Reaktion. Jahrelang hatte sie Angst gehabt, allein zu sein, und sich gefürchtet, ihre Wohnung zu verlassen.

Ihre Ehe war fünfzehn Jahre zuvor gescheitert. Sie hatte allein gelebt, und ihre Einsamkeit wurde nur von den täglichen Besuchen ihrer verheirateten Tochter Stella unterbrochen. Nun aber empfand Stella, die gerade ihr viertes Kind zur Welt gebracht hatte, die Fahrten als zu große Belastung.

Lucy litt unter einer schweren Herzkrankheit und hatte Schwierigkeiten, längere Zeit zu stehen oder ohne zu pausieren mehr als ein paar wenige Schritte zurückzulegen. Sie war kurz zuvor zu ihrer Tochter gezogen, aber das Zusammenleben klappte nicht: Die große, drei Generationen umfassende Familie verfügte über eine Wohnung mit drei Schlafzimmern. Ein Hausbesuch des Psychodramaleiters hatte das Problem ans Licht gebracht. Die Tochter und ihre Familie lehnten jeden Kontakt mit den Sozialbehörden ab. (Ein Blick in die Lokal-

80

presse erklärt den Grund: Lucys Ex-Mann hatte wegen des Verdachts auf ein Sexualdelikt in Untersuchungshaft gesessen.) Sie hatten eindeutig Angst, daß Behördenvertreter die Sicherheit und das Wohlergehen der erweiterten Familie unter die Lupe nehmen würden.

Die häusliche Situation war angespannt und chaotisch. Stella und ihre Mutter redeten nicht miteinander. Dem Psychodramatherapeuten gelang es, einen Dialog zwischen ihnen anzuregen, weil er es für wichtig hielt herauszufinden, wie es soweit gekommen war. Es wurde beschlossen, eine ambulante Behandlung in der Tagesklinik anzubieten und zugleich die Wohnsituation zu entlasten.

Lucy nahm mit erheblichen Ängsten und gravierenden Zweifeln an dem Tagesprogramm teil. Sie fürchtete, daß ihre Tochter angesichts der Vorstellung, daß man in der Gruppe über sie sprach, wütend werden würde. Die häusliche Atmosphäre strapazierte Lucys Kräfte, da sie den Großteil ihrer Zeit im selben Zimmer mit Stella verbringen mußte, ohne daß irgend jemand zwischen ihnen hätte vermitteln können. Lucy wirkte besorgt, ängstlich, mutlos und niedergeschlagen.

In der Einstimmungsphase ihres Psychodramas hatte Lucy berichtet, daß sie auf zwei Menschen wütend sei, ihre Wut aber nicht zum Ausdruck bringen könne.

Lucys Psychodrama: die Spielphase

Lucy beginnt das Psychodrama, indem sie sagt, daß es sich bei diesen beiden Personen um ihren Ex-Ehemann und um ihre älteste Tochter Stella handele.

Die erste, in der Gegenwart spielende Szene zeigt Lucy gemeinsam mit Stella in deren Wohnung. Obwohl sie vier Kinder hat, kümmert sich Stella kaum um die Hausarbeit. In der Rolle ihrer Tochter erklärt Lucy, daß es keinen Sinn habe aufzuräumen, weil die Kinder das alte Chaos innerhalb von Minuten wiederherstellen würden. Das Baby beanspruche fast all ihre Aufmerksamkeit. Nachdem Stellas Rolle von einem Gruppenmitglied als Hilfs-Ich übernommen wurde, fragt Lucy, ob sie den Küchenboden reinigen könne; im Rollentausch mit der Tochter verbietet ihr Lucy als Stella, beim Putzen zu helfen. Wieder in der Rolle der Protagonistin, erklärt Lucy, daß sie sich „miserabel und völlig überflüssig" fühle.

Von Lucy in der Rolle Stellas hören wir, daß die Tochter behauptet, daß sie ihre Mutter in ihre Wohnung aufgenommen habe, weil ihr deren Einsamkeit Sorgen machte. Dann fügt sie hinzu, daß ihr der Gedanke unangenehm sei, daß „andere Leute" glauben könnten, sie habe die Mutter als eine Art Haushaltshilfe aufgenommen. Sie erwähnt auch, daß der Mietzuschuß und das Pflegegeld, mit dem sie gerechnet habe, nicht bewilligt worden seien, so daß Stella überhaupt keine finanzielle Unterstützung erhalte. Es entsteht, ohne daß Lucy dies ausspricht und vielleicht sogar unbeabsichtigt, der Eindruck, daß Stella ihre Uneigennützigkeit ein wenig zu stark beteuert und ihre Motive eigentlich komplexer sind.

Der weitere Rollentausch endet damit, daß Lucy in der Rolle ihrer Tochter im Selbstgespräch ihren Groll auf ihre Mutter und den Wunsch zum Ausdruck bringt, sich dafür zu rächen, wie diese sie, als Stella noch ein Teenager war, „benutzt" hat. (Niemand kennt Stellas wahre Motive – vielleicht nicht einmal sie selbst. Wir sehen, wie Lucy Stellas Gefühle wahrnimmt, indem sie sich in der Interaktion mit dem Hilfs-Ich und durch Rollentausch in sie hineinversetzt.)

Die nächste Szene spielt infolgedessen zwanzig Jahre früher in Lucys Wohnung; Stella ist sechzehn und das älteste von fünf Kindern. Sie muß ihrer agoraphobischen Mutter Gesellschaft leisten. Sie wird daran gehindert, zur Schule zu gehen, sie hilft im Haushalt und dient ihrer Mutter als „Rettungsanker", wenn sie gemeinsam einkaufen. In der Rolle der sechzehnjährigen Stella berichtet Lucy, daß sich Stella über dieses Arrangement nicht etwa ärgert, sondern es genießt: Es verleiht ihr das Gefühl, Macht über die Mutter zu besitzen.

Danach kommt Lucy auf ihren Ehemann – einen Taxifahrer – zu sprechen, der praktisch immer unterwegs ist und erst in den frühen Morgenstunden nach Hause kommt. Lucy bleibt wach und hält eine warme Mahlzeit für ihn bereit, aber er ist regelmäßig betrunken und mißhandelt sie. Sie hat Angst, aus dem Haus zu gehen, weil sie nicht will, daß jemand ihre Blessuren sieht. Sie empfindet es als demütigend, daß die Nachbarn die Wutausbrüche ihres Mannes mitanhören können.

Der Psychodramatherapeut fragt, was Lucy zwanzig Jahre zuvor veranlaßt haben könnte, solche Demütigungen hinzunehmen. Lag es nur daran, daß weder Lucy noch irgend jemand anderer an der Situation etwas hätte verändern können, oder hing die Tatsache, daß sie all dies erduldete, auch mit irgendeinem anderen Aspekt ihrer selbst zusammen? Unter systemischem Blickwinkel betrachtet, würde man sagen, daß die eheliche Beziehung und Lucys Persönlichkeit jeweils Teil eines umfassenderen und wiederkehrenden Musters waren, das als „trauma-organisiertes System" beschrieben wurde (Bentovim 1992). Lucys Bericht über ihre Lebensgeschichte enthielt vorwurfsvolle und märtyrerhafte Anklänge.

Der Psychodramaleiter fragt Lucy, woher ihr Gefühl der Hilflosigkeit stamme. Woran liegt es, daß sie sich das erleichternde und befriedigende Gefühl, Wut offen zum Ausdruck zu bringen, scheinbar niemals zugestanden hat? Sie erklärt, daß sie sich schon immer hilflos gefühlt habe: „Ich bin in den dreißiger Jahren als uneheliches Kind geboren und bei meinen Großeltern aufgewachsen. Ich dachte, sie seien meine Eltern, und meine Tanten hielt ich für meine Schwestern. Meine wirkliche Mutter hat mich meiner Großmutter übergeben, als ich fünf Monate alt war, und wurde später, während des Krieges, evakuiert. Mein Großvater war gestorben, und in meiner Kindheit gab es keinerlei Männer in meinem Leben."

Lucy berichtet, daß sie dies alles erst erfuhr, als sie bereits zwölf Jahre alt war; damals hatte sie auf die Informationen nicht auffällig reagiert, und sie vermutet, daß sie möglicherweise immer gespürt hat, daß irgend etwas an ihren Familienbeziehungen nicht so war, wie es eigentlich hätte sein sollen. Über ihren leiblichen Vater wurde damals nicht gesprochen, und ebensowenig erklärte man ihr, weshalb ihre Mutter sie der Großmutter „gegeben" hatte.

Lucy fährt fort und erklärt, daß sie im Alter von sechzehn Jahren (Stellas Alter in der vorangegangenen Szene!) gehört habe, wie ihre Verwandten den, wie sie selbst glaubte, Namen ihres leiblichen Vaters erwähnten; sie hatten offenbar nicht bemerkt, daß Lucy anwesend war, und blickten sie in betretenem Schweigen an. Lucy konnte mit dieser Information nicht viel anfangen, da sie nicht den „Mut" besaß, ihre Großmutter zur Rede zu stellen.

Im Psychodrama folgt nun eine Szene, in der Lucy aufgefordert wird, das zu tun, was sie damals nicht zu tun wagte: Sie soll ein Gespräch mit ihrer Großmutter führen, ein Gespräch, das nie stattgefunden hat, aber hätte stattfinden können.

Mit einem Hilfs-Ich in der Rolle ihrer Großmutter stellt Lucy detaillierte Fragen nach ihrem Vater und ihrer eigenen Herkunft. Warum hatte man ihr nie die Wahrheit gesagt? Warum blieb es ihr selbst überlassen, nach Antworten zu suchen?

Nach einem Rollentausch mit ihrer Großmutter erklärt die Protagonistin, man habe Angst gehabt, daß Lucy die Information an Außenstehende „weiterplappern" könne: Ihr leiblicher Vater stammte aus einer bekannten, prominenten Familie, die von Lucys Existenz nichts wußte. Sie hätte davon „Wind bekommen" können. Ihr Vater war verheiratet. Lucys Mutter arbeitete als Angestellte im Haus jener Familie. Zudem war die Großmutter über das Benehmen ihrer Tochter und die Schande, die sie über die Familie gebracht hatte, sehr wütend.

Im weiteren Verlauf des Rollentausches zwischen Lucy und ihrer Großmutter wechselt Lucy zwischen der Rolle der sechzehnjährigen Lucy und der erwachsenen Lucy von heute. (Bei dieser Szene handelt es sich nicht um ein Ereignis der Vergangenheit, das hätte stattfinden *können*. Als Teenager wäre sie nicht in der Lage gewesen, die Fragen zu formulieren; Lucy muß in eine andere Rolle schlüpfen, um ihre Großmutter zur Rede zu stellen. Diese Rolle entspricht daher eher der erwachsenen Lucy von heute, die ihre Großmutter wieder zum Leben erweckt, um einige klare Worte mit ihr zu sprechen.)

Der Dialog schreitet fort und Lucy erkennt, daß ihre Großmutter und ihre Familie sich davor geschützt haben, zum Gespött des Ortes zu werden, und daß sie überdies auch den Vater und dessen Familie deckten. Es hat den Anschein, als seien der Ruf der Familie väterlicherseits Lucys Großmutter und ihren Verwandten wichtiger gewesen als die eigenen Gefühle; die „Schande" wurde allein Lucys Mutter zugeschrieben, während ihr Vater von jeder Schuldzuschreibung verschont blieb.

Dieses Gespräch illustriert das in der ersten Hälfte unseres Jahrhunderts herrschende Klassensystem und zeigt, daß die Grenzen zwischen den sozialen Schichten in dem beschriebenen Gemeinwesen außerordentlich starr waren. Gab es Konflikte zwischen den Schichten, so galten die Armen (sogar in ihren eigenen Augen) in der Regel als die „Schuldigen", die Reichen hingegen als die „Rechtschaffenen". Die Geschlechterrollen waren genauso strikt getrennt: In vielen Fällen mußte die Frau, die in einer außerehelichen Beziehung schwanger wurde, „den Kopf hinhalten", während man das Verhalten des Mannes geflissentlich übersah.

Lucy empfand noch etwas anderes als demütigend: Die jungen Leute waren der älteren Generation gegenüber rechenschaftspflichtig und hatten sich ihr vollständig unterzuordnen. Sie mußten ihr Respekt zollen und Rücksicht auf sie nehmen, selbst wenn sie sich dadurch Nachteile einhandelten. Man traute Lucy nicht zu, ein Familiengeheimnis für sich zu behalten (ein Geheimnis, das sie selbst vielleicht in weitaus höherem Maße betraf als jeden anderen), und man erwies ihr nicht einmal soviel Respekt, ihr den Namen ihres Vaters mitzuteilen. Darüber hinaus erachtete man solche Überlegungen als derart müßig, daß Lucy sich gar nicht berechtigt fühlte, Fragen zu stellen. Und so geziemte es sich auch kaum, ihre Entrüstung über diese erzwungene Unwissenheit zum Ausdruck zu bringen.

Solche Einstellungen Erwachsener können auf Kinder einen derart großen Einfluß ausüben, daß diese sich eine Alternative nicht einmal vorzustellen vermögen: Lucy hatte die Wertvorstellungen, die ihr eingeschärft worden waren, verinnerlicht, ohne jemals realisieren zu können, *wie* sie zu einem Teil ihrer selbst geworden waren. In der Vergangenheit hatte sie sich dieser heimtückischen Unterdrückung ihrer eigenen Gedanken und

Gefühle nicht widersetzen können, weil sie gar nicht bewußt wahrnahm, was mit ihr geschah. In der Terminologie psychischer Abwehrmechanismen und in der Sprache der Objektbeziehungstheorie formuliert, fand eine „Introjektion" des Unterdrückers statt. Daß ältere Verwandte und Autoritätspersonen ihr Vertrauen und Respekt entgegenbringen könnten, vermochte sich Lucy überhaupt nicht vorzustellen.

Durch die Rollenspiel-Interaktion zwischen sich selbst (als Sechzehnjähriger und als Erwachsener) und ihrer Großmutter nimmt Lucy zum erstenmal in ihrem Leben bewußt wahr, daß ihre selbstentwertende Haltung (die auch die Einstellung anderer ihr gegenüber tiefgreifend beeinflußt hat) entstand, indem sie das Bild assimilierte, das ihre Großmutter und deren Familie von sich selbst, von Lucys leiblicher Mutter und von ihr entwickelt hatten. Für ihre Angehörigen repräsentierte Lucy offenbar ihre Mutter, so daß sie in deren Augen die Schande verkörperte, die diese über die Familie gebracht hatte. Sie wurde zum Sündenbock ihrer Familie und sah sich selbst mit der Schmach beladen, die ihr von der Familie zugeschrieben wurde (Bollas 1987).

Im Psychodrama hat sie eine neue Rolle als Sechzehnjährige gefunden, die ihre Großmutter zur Rede stellt, weil diese sie in Unwissenheit hält. Sie besteht darauf, über die Fakten informiert und in ihren eigenen Rechten anerkannt zu werden (indem man ihr zum Beispiel den Namen ihres Vaters mitteilt). Sie verlangt, daß man ihre gesellschaftliche Herkunft respektiert, statt sie wie eine Aussätzige zu verstecken.

Im Anschluß an diese neu gewonnenen Einsichten erklärt Lucy: „Ich sehe, daß genau das gleiche mit meiner Tochter und mit einem meiner Enkelkinder passiert" – ein und derselbe Prozeß wird an die nachfolgenden Generationen weitergegeben.

Gegen Ende des Psychodramas erklärt die Protagonistin in der Rolle ihrer Großmutter, daß sie Lucy im Grunde sehr gern habe: Das Problem besteht darin, daß sie nicht sagen oder zeigen kann, was sie empfindet. Mit anderen Worten: Es gibt einen wichtigen Unterschied zwischen der Figur, die Lucy repräsentiert, und den Gefühlen, die ihre Großmutter ihr als angenommenem Kind gegenüber hegt – Gefühle, die sie vielleicht deshalb nicht auszudrücken vermag, weil sie Lucy nicht wirklich als eigenständige Persönlichkeit in ihren eigenen Rechten anerkennen kann. Es ist auch möglich, daß es der Großmutter gar nicht geraten erscheint, Lucy wie ihr eigenes Kind zu behandeln. Das Geheimnis zu wahren bedeutet, daß sie Lucy nicht erklären kann, daß sie nicht ihr leibliches Kind ist; gleichzeitig aber ist sie auch nicht in der Lage, die Täuschung überzeugend aufrechtzuerhalten.

Anscheinend besitzt auch die Großmutter ein nur geringes Selbstwertgefühl, so daß es ihr schwerfällt, ihre eigene Warmherzigkeit und ihre Sorge um die Menschen, die sie liebt, zu zeigen. In dieser psychodramatischen Inszenierung aber kann die Protagonistin in der Rolle ihrer Großmutter die Hilfs-Ichs, die Lucy porträtieren, umarmen; erneut in der Rolle von Lucy kann sie selbst die Großmutter liebevoll in die Arme schließen. Nachdem die Protagonistin im Rollenspiel erlebt hat, was hätte geschehen *sollen*, und dargestellt hat, wie dies zu ermöglichen gewesen wäre, lernt sie, das, was in der Wirklichkeit nicht geschah, anzuerkennen.

In der Nachbesprechung konzentriert sich das Thema auf das Gefühl der Selbstachtung, das manche Gruppenmitglieder verloren zu haben glauben, als sie vaterlos wurden. Der Status der Kinder wurde in jener patriarchalischen Vorkriegsgesellschaft offenbar durch die Väter definiert.

Lucy wirkte nach dem Psychodrama wie verwandelt. Ihre niedergeschlagene, bedrückte Haltung war verschwunden. Sie war ihren Mitspielern dankbar und verhielt sich sowohl in den Therapiegruppen als auch außerhalb extravertierter. Ein wenig später bekam sie als Übergangsmaßnahme eine Wohnmöglichkeit in einer Rehabilitationseinrichtung, und mittlerweile lebt sie selbständig in ihrem eigenen Apartment.

Dieses Psychodrama läßt zwei signifikante Aspekte erkennbar werden, die zwar grundsätzlich für alle Psychodramen gelten, hier aber besonders deutlich zutage treten. Der erste betrifft das Maß an archäologischer Selbsterforschung (Epston und White 1990), das erforderlich ist, um den Beginn eines Lebensskriptes oder einer Lebenserzählung erneut aufzugreifen, damit er transformiert werden kann. Lucy stellt den Großteil des Materials selbst zur Verfügung: Sie aktiviert Informationen aus ihrem eigenen Gedächtnissystem, sortiert sie und organisiert sie zu einer sinnvollen Geschichte. Gäbe es keine Hilfs-Ichs, könnte man von einem Einpersonendrama sprechen. Lucy aber kann sich die Hilfs-Ichs zunutze machen, und sei es nur als Verkörperungen der Art und Weise, wie sie selbst andere Menschen erlebt: Die Hilfs-Ichs verhalten sich so, wie Lucy es von ihnen erwartet, und müssen ihrerseits keine Informationen liefern. Anders formuliert: Das Psychodrama gleicht sozusagen einem „Playback" von Lucys internalisierter Vergangenheit, das es ihr erlaubt, die unterschiedlichen Elemente zu sortieren und so zu arrangieren, daß ihr Familienskript eine neue Gestalt erhält.

Der zweite deutlich erkennbare Aspekt betrifft die Auswirkungen des Psychodramas auf die Beziehung zwischen Lucy und der Gruppe. Ihre Erkundung ihrer eigenen Vergangenheit bedeutet für sie selbst eine Enthüllung, zugleich aber gibt sich Lucy den Mitgliedern der Gruppe durch diese Dramatisierung auch ungeschminkt preis. Diese Situation stellt für sie eine Art „Aufnahmeritus" dar (Kobak und Waters 1984), der sie zu einem Teil der Gruppe werden läßt – er scheint ihr die formelle Einführung ins Erwachsenenalter zu ersetzen, die sie in der Realität nicht erlebt hat. Dieses Psychodrama ähnelt einer Zeremonie, die zur Folge hat, daß Lucys Herkunft anerkannt und sie als Teil der umfassenderen Gemeinschaft akzeptiert wird.

Lucys Einstimmung

Die Einstimmung hatte soziometrischen Charakter.[1] Zu der betreffenden Sitzung waren neue Teilnehmer erschienen. Die Anwesenden wurden gebeten festzustellen, wen sie nicht kannten,

---

1 Eine seiner klassischen Darstellungen der Soziometrie findet sich bei Moreno (1937b), eine aktuellere, ausführliche Beschreibung der soziometrischen Implikationen des Psychodramas bei Williams (1991).

und dann aufgrund der nonverbalen Körpersprache jene Personen herauszusuchen, die „am besten eingestimmt" wirkten, das heißt, sich spontan äußerten und zur aktiven Beteiligung bereit schienen. Sie wurden auch gebeten, ihre Vermutungen zu verifizieren, indem sie ihre Wahrnehmungen gemeinsam mit den betreffenden Personen überprüften, um Projektionen oder andere unzutreffende Beobachtungen zu korrigieren.

Daran anschließend bildeten die Gruppenmitglieder ein Spektrogramm, indem sie sich in einer Reihe aufstellten, die nach dem Grad der Spontaneität oder Handlungsenergie der einzelnen Teilnehmer angeordnet war. Am „heißesten" Ende fanden sich zwei Grüppchen zusammen; sie wurden aufgefordert, herauszufinden, was sie als Individuen voneinander unterschied, so daß sie zwei Gruppen statt einer einzigen gebildet hatten. Dies führte zu einer weiteren Aufteilung in vier kleinere Untergruppen.

Am entgegengesetzten Ende des Spektrogramms befanden sich vier Personen, zu denen auch Lucy gehörte. Sie wurden gebeten, sich in zwei Untergruppen aufzuteilen und die Art und Weise ihrer Aufteilung vor der Gesamtgruppe zu diskutieren. Sie versuchten, selbst herauszufinden, was „Einstimmung" bedeuten könne. Wie war dieses Kriterium wirklich zu verstehen? Sie kamen zu dem Schluß, daß die am wenigsten „Eingestimmten" die ängstlichsten und befangensten Teilnehmer waren: Lucy und ein anderes Gruppenmitglied.

Diese beiden wurden gefragt, ob sie sich lieber einem anderen Teil der Gruppe anschließen würden. Vielleicht könnten sie sich dort behaglicher fühlen als am Ende des Spektrogramms. Lucy fand einen anderen Platz.

Während dieser Verhandlungen hatte sich Lucy zunächst an einen Platz gestellt, den man als „Ende der Reihe" betrachten konnte. Dann erklärte sie, daß sie verärgert gewesen sei, dies aber nicht habe zeigen können, weil die Gruppe mit einem langen Schweigen reagierte, als sie das Wort ergriff (dies traf zu). Als der Psychodramaleiter ihr erlaubte, den Platz zu wechseln, setzte sie sich in die Mitte der Gruppe und begann, eingehender über ihre Verbitterung zu sprechen.

Danach erhoben mehrere andere Gruppenmitglieder Einwände gegen die Aufforderung, Untergruppen zu bilden, und fragten den Leiter nach dem Grund für seine Anordnung. Er erwiderte, daß es manchen Gruppenmitgliedern schwergefallen sei, ihre eigenen *funktionalen* Untergruppen zu finden; wahrscheinlich würden diese Personen von den anderen bestimmten Untergruppen zugeordnet werden, und zwar nach Stereotypen, das heißt, wie sie gesehen wurden, nicht wie sie tatsächlich waren.

Wieder trat ein Schweigen ein, das schließlich von Lucy unterbrochen wurde, die erneut über ihre Verärgerung sprach. Sie war zweifellos bereit, dieses Thema ausführlicher zu behandeln. Ein Angehöriger des Pflegepersonals schlug Lucy als Protagonistin vor, und die übrigen Gruppenmitglieder freundeten sich mit dieser Idee an.

Während des Psychodramas selbst waren die Implikationen des Warming-up für die Spielphase nicht berücksichtigt worden; bestimmte Aspekte der Einstimmungsphase aber übten auf die folgende Handlung fraglos einen Einfluß aus:

1. Einleitend beschäftigte sich die Gruppe mit der Aufgabe, jene Personen herauszusuchen, die den Gruppenmitgliedern bislang unbekannt waren.
2. Die Anwesenden wurden im Hinblick auf ihre Spontaneität und Handlungsbereitschaft beurteilt, und zwar anhand des subjektiven Eindrucks, der dann allerdings gemeinsam mit den Betreffenden selbst verifiziert wurde, um Fehleinschätzungen vorzubeugen; mit anderen Worten: Die Teilnehmer wurden nicht anhand kaum fundierter Annahmen in Kategorien eingeordnet, sondern aufgefordert, sich selbst einzuschätzen.
3. Das Spektrogramm gab jedem Gruppenmitglied die Möglichkeit, sich selbst einen Platz auszusuchen. Manche Gruppenmitglieder betrachteten diese Maßnahme als Manipulation, während sie in Wahrheit die Funktion hatte, die Anordnung nach stereotypen Vorstellungen zu durchbrechen und einzelne Individuen zu ermutigen, ihre eigenen Arbeitsuntergruppen zu bilden (Agazarian 1993).
4. Lucy hatte sich ans unterste Ende des Spektrums begeben

(und war zudem auch von der Gruppe dort eingeordnet worden).

5. Als sie über ihren Platz am untersten Ende des Spektrogramms verhandelte, nutzte Lucy die Gelegenheit, ihren Groll zu erwähnen; sie erklärte, daß sie ihren Ärger nicht habe ausdrücken können, weil die anderen Gruppenmitglieder nicht auf sie reagiert hätten.
6. Lucy erhielt eine zweite Gelegenheit, sich einen ihr angemessenen Platz in der Gruppe zu suchen, an dem sie sich wohlfühlen konnte.
7. Als ihr nach der Verhandlung zugestanden wurde, sich einen neuen Platz im Spektrogramm zu suchen, wurde sie mitteilsamer und „besser eingestimmt".

Rückblickend erscheint diese Einstimmungsphase wie eine Inszenierung, die drei Aspekte aus Lucys Lebensgeschichte wie in einem Mikrokosmos darstellt: (1) ihre persönliche Geschichte; (2) ihre Ankunft in der Tagesklinik; und (3) ihr eigenes Psychodrama, das damit begonnen hatte, daß sie sich passiv ans Ende der Reihe (des Spektrums) plaziert fühlte, aber damit endete, daß sie aktive Schritte unternahm, um ihre eigene Position zu finden. Der Leiter, der ihr einen „Platz" in der Gruppengemeinschaft zuwies, hätte den Vater repräsentieren können, den sie nie besessen hatte!

Zusammenfassung

Telfner (1991) betont, daß unter systemischem Blickwinkel die Komplexität den einfacheren Sachverhalt zu erklären vermag.

In diesem Kapitel habe ich gezeigt, wie man sich von der Gegenwart in die Vergangenheit zurückarbeitet und das verfügbare Material im Verlauf dieses Prozesses in einen sich stetig erweiternden Kontext einordnet. Die Handlung des Psychodramas stellte dasselbe Verfahren im Mikrokosmos dar. An ihrem Beginn standen Lucys unerträgliche Lebenssituation in der Wohnung ihrer Tochter und ihre gemeinsame Unfähigkeit, sich mit-

einander zu verständigen. Lucy wurde von einer Wohnungsbehörde an den Autor verwiesen (der ihr Psychiater und gleichzeitig der Psychodramaleiter war), weil sie kein eigenes Dach über dem Kopf hatte und scheinbar nirgendwo „hingehörte". Daran anschließend erforschte das Psychodrama den Groll ihrer Tochter Stella und deren Einstellung gegenüber ihrer Mutter zwanzig Jahre zuvor, als Stella sechzehn Jahre alt war. Damals lebte Lucy in einer unglücklichen Ehe und wurde ihren Aufgaben als Mutter nicht gerecht.

Im weiteren Verlauf erforschte die Handlung die Ursprünge von Lucys Gefühl der Hilflosigkeit und sozialen Benachteiligung, das in dem Status ihrer eigenen Mutter, in ihrer Beziehung zu ihrer Großmutter und vor allem in ihrer völligen Unkenntnis über ihren Vater wurzelte.

Die Einstimmungsphase hatte die Beziehung untersucht, in der die Gruppenmitglieder zueinander, zur Gruppe insgesamt und zum Leiter standen. Dieser Prozeß ermöglichte es, die Aufmerksamkeit auf Lucys Verärgerung darüber zu konzentrieren, daß sie sich „am untersten Ende der Reihe" wiederfand; dieser Ärger wiederum war offenbar geworden, als die soziometrische und funktionale Aufteilung in Untergruppen das Persönliche vom Stereotypen abgrenzte (Agazarian 1993). Der Prozeß selbst hatte sich von der Tatsache ausgehend entwickelt, daß zu Beginn der Sitzung einige Neulinge auftauchten, die zunächst herausfinden mußten, an welchen Stellen sie in die Gruppe „hineinpaßten".

Die Frage, wo sich neue Teilnehmer im Verhältnis zu der Gruppe, in die sie hineinkommen, einordnen können, gleicht somit dem Thema der psychodramatischen Handlung, in der sich Lucy nach Kräften bemüht, gegenüber ihren Verwandten ihre eigene Position als jüngstes Familienmitglied (bis zurück in die Zeit, in der sie noch ein Baby war) zu finden.

Dieser Isomorphismus (Bateson 1979) wird sogar noch weiter zurückverschoben in die Vorbesprechung zwischen dem Psychodramaleiter und Lucy in der Wohnung Stellas. Dort hatte Stella „das Sagen", während Lucy wie eine „überflüssige" Belastung erschien, die aufgrund irriger Annahmen oder zweifelhafter Absichten von ihrer Tochter aufgenommen worden war.

92

Und schließlich spielte sich das Geschehen nach der gleichen Gesetzmäßigkeit ab, als Lucys Ex-Ehemann wegen des Verdachts auf eine Sexualstraftat in Untersuchungshaft saß – damit der Gerechtigkeit Genüge getan werden konnte, mußte ironischerweise die Familie mit der Angst leben, der öffentlichen Schande preisgegeben zu werden.

Die Psychodramasitzung stellte die Situation auf den Kopf. Lucy wurde zur „Auserwählten" und als eigenständige, Respekt verdienende Persönlichkeit in die Gruppe aufgenommen.

Viertes Kapitel
Strategisches Psychodrama

Mit dem Begriff „strategisches Psychodrama" betont Williams (1989) die pragmatischen, problemlösenden Funktionen des Psychodramas im Unterschied zu den ästhetischen, selbstenthüllenden und kathartischen Eigenschaften, die mit seinem Spielcharakter zusammenhängen. Ich möchte mit dem Begriff ein Psychodrama charakterisieren, das von vornherein ein bestimmtes Ziel verfolgt, ein Ziel, das den eher allgemeinen Zielen, nämlich die Spontaneität des Patienten freizusetzen, Einsicht zu entwickeln, ein intensiveres Selbstgefühl zu gewinnen oder sich neue Rollen anzueignen, übergeordnet ist. Das folgende Psychodrama wurde in der Absicht aufgeführt, einem spezifischen Ziel innerhalb des gesamten Managementplanes der Patientin näherzukommen.

Dawn

Dawn hat sich gegenüber einer Sozialarbeiterin in eine Sackgasse hineinmanövriert, nachdem diese Dawns zweites Baby nach einer vermuteten körperlichen Mißhandlung in Pflege gegeben hatte. Dawn war über diesen Beschluß am Boden zerstört gewesen, aber die Sozialarbeiterin sah damals keine andere Möglichkeit: Sie kümmerte sich bereits seit einigen Jahren um Dawn und hatte sie vor allem in der Zeit, als ihr erstes Kind in einer Pflegefamilie untergebracht wurde, tatkräftig unterstützt. Es stellte sich heraus, daß Dawn diese Sozialarbeiterin, Ruth, als ihre einzige Vertraute empfunden hatte, so daß sie sich durch die Unterbringung des Kindes furchtbar betrogen fühlte und jeden weiteren Kontakt ablehnte.

Man hatte einige Versuche unternommen, um es Dawn zu ermöglichen, erneut eine vertrauensvolle Beziehung zu Ruth aufzunehmen und mit ihr zu besprechen, wie sich ihre künftige Beziehung zu ihrem Baby gestalten sollte. Aber Dawn war nun ihrerseits auf die Entwicklungsphase eines dickköpfigen, trotzigen, schmollenden Kleinkindes regrediert. Offenbar war das Baby für diese alleinstehende, isoliert lebende Mutter alles, was ihr in dieser Welt geblieben war. (Es ist durchaus möglich, daß Dawns Regression eine Identifizierung mit ihrem verlorenen Kind zum Ausdruck brachte.)

Im Anschluß an das morgendliche Psychodrama sollte Dawn am Nachmittag ein Gespräch mit ihrem eigenen Betreuer, Donald, führen. Geplant war, daß er bei ihrem bevorstehenden Treffen mit Ruth als Vermittler fungieren sollte. Dawn hatte erklärt, sich zu einem Gespräch mit Ruth nicht überwinden zu können. Aber wie dem auch sei – es mußten Vereinbarungen über die langfristige Unterbringung des Babys getroffen werden: Die künftige Beziehung zwischen Dawn und ihrem Baby stand auf dem Spiel.

Die Einstimmungsphase

Dawns Psychiater, der die Psychodramasitzung leitet, hat keineswegs geplant, Dawn als Protagonistin agieren zu lassen; sie ist von allen Gruppenmitgliedern am wenigsten motiviert, freiwillig die Hauptrolle zu übernehmen oder sich auch nur dazu überreden zu lassen.

Der Prozeß der „Einstimmung" stellt Dawns Psychodrama in einen Kontext: Welche Art des Psychodramas realisiert wird, hängt häufig davon ab, wie die Auswahl des Protagonisten erfolgt, und dies wiederum hat sehr viel mit der Gruppenatmosphäre in der betreffenden Sitzung sowie mit den individuellen oder die Gruppe betreffenden Anliegen zu tun, welche die Teilnehmer mitbringen.

Während der Einstimmung versucht der Psychodramatherapeut, diese Themen abzuklären; auf diese Weise ermöglicht er es der Gruppe insgesamt und der künftigen Protagonistin, zu einem späteren Zeitpunkt der Sitzung den Zusammenhang zwischen der Form der Spielphase und ihren eigenen Anliegen zu erkennen (Williams 1991). Er fragt die Gruppenmitglieder, ob und inwiefern sich die Gruppe anders als in der Sitzung der vorangegangenen Woche fühle (einige Stühle im Kreis sind leer geblieben). Eine Patientin stellt fest, daß eine Krankenschwester von der Intensivstation die Gruppe besuche, um an der Sitzung teilzunehmen. Ein anderer Patient meint, daß „weniger Leute" gekommen seien. Der Psychodramaleiter versucht herauszufinden, wie sich die Unterschiede im Vergleich zur vorangegangenen Woche für jedes Mitglied darstellen.

Dann fragt er, was die Mitglieder angesichts dieser Unterschiede *empfinden*: Wie fühlt es sich an, eine kleinere Gruppe zu haben? Die leeren Stühle werden erwähnt. Liz meint, daß sie auf einem hohen Stuhl sitze, um nicht einzuschlafen. Peter wäre eine größere Gruppe lieber, weil er sich dann in der Masse verstecken könnte. Amanda sagt, daß ihr eine große Gruppe weniger gut gefalle, da die Teilnehmer den Mund nicht aufmachten; in Liz wecken große Gruppen klaustrophobische Gefühle.

Der Psychodramaleiter stellt eine reflexive (Tomm 1987) Frage, indem er eine hypothetische Veränderung des Kontextes benutzt: „Wie ist es, wenn die Gruppe nur aus fünf Leuten besteht und trotzdem niemand etwas sagt?" „In einer so kleinen Gruppe würden wir immer sprechen", antworten alle.

Der Psychodramaleiter erklärt, daß die unterschiedliche Art und Weise, wie die Gruppenmitglieder durch einzelne Aspekte der Gruppe wie beispielsweise ihre Größe beeinflußt werden, Unterschiede der Gruppenmitglieder selbst widerspiegelt.

Nach einer Pause werden die Gruppenmitglieder gefragt, was denn nun nötig sei, damit die Gruppe weitermachen könne. Amanda antwortet, die Gruppe müsse motiviert werden. *Wie* sie motiviert werden könne, ist die nächste Frage, auf welche die Gruppenmitglieder allerdings verdutzt reagieren. Nun ändert der Psychodramaleiter den Beziehungsmodus vom „Denken"

96

zum „Tun": schließlich geht es ums „Einstimmen"! „Laßt uns etwas anderes *tun!*", fordert er. „Laßt uns aufstehen, und dann beschäftigen wir uns miteinander, so wie es uns gefällt, aber ohne zu reden. Wir können durch den Raum laufen oder auch stehenbleiben ..." Alle außer Vincent stehen auf und setzen sich in Bewegung.

Einige Gruppenmitglieder sehen einander an, aber viele vermeiden den Blickkontakt. Zwei oder drei Teilnehmer berühren sich gegenseitig am Arm. Zwei Frauen umarmen sich und schließen dann auch Dawn in ihre Umarmung ein, so als seien sie eine Familie. Vincent steht unbeweglich da; er hat nicht vor, „wie ein Schaf in der Herde durch die Gegend zu wandern".

Der Psychodramaleiter regt nun an, auch miteinander zu reden. Manche Gruppenmitglieder setzen sich paarweise oder in kleinen Gruppen zusammen. Jene, die stehen bleiben oder weiterhin im Raum umhergehen, haben das Gefühl, von den Sitzenden „beobachtet" zu werden. Der Psychodramaleiter meint, daß eine der Stehenden, Amanda, vielleicht jemanden vorschlagen könne, der eine Möglichkeit wisse, um den Grund dafür herausfinden.

Nun beginnt Vincent eine Diskussion über das Personal (über das er sich schon am Vortag sehr geärgert hat). Für das Personal (ebenfalls „Beobachter") gehe es um nichts. Sie müssen nicht ängstlich sein wie andere Gruppenmitglieder, denn sie übernehmen keine Protagonistenrolle. „Ja", erwidert der Psychodramaleiter, „wir sind tatsächlich im Vorteil!" Diese Bemerkung verletzt Vincent, der später erklärt, daß es hilfreich wäre, ein Psychodrama mit „normalen Leuten" als Protagonisten zu sehen. Cathy, eine der Krankenschwestern, behauptet, daß sie sich emotional in die Protagonisten einfühle und hoffe, daß ihre Psychodramen einen guten Verlauf nehmen. Der Psychodramaleiter weist darauf hin, daß Personalangehörige auch häufig als Hilfs-Ichs agieren.

In der Sprache der Systemtherapie formuliert, untersucht die Gruppe die Unterschiede zwischen Personal und Patienten.

Ein weiterer Diskussionspunkt betrifft die Art und Weise, wie der Psychodramaleiter die Einstimmung durchführte: organisiert er die Situation oder nicht? Gibt er vor, die Leitung zu übernehmen, wenn er es in Wahrheit nicht tut, oder will er den Eindruck vermitteln, daß er keine Kontrolle ausübt, während er im Grunde auf subtile Weise durchaus kontrolliert? Er möchte offensichtlich wissen, was die Gruppenmitglieder, die sich gesetzt haben, fühlen; statt sie aber direkt selbst zu fragen, bittet er jemand anderen, aus einer dritten Person herauszufinden, ob sie sich eine Möglichkeit vorstellen können, die Gefühle jener, die sich hingesetzt haben, zu ergründen! Dies wird als triadische Frage bezeichnet und ist eine systemische Untersuchungsmethode; darüber hinaus wurde die Frage als „Meta-Frage" formuliert – das heißt, sie lautete nicht: „Was fühlen sie?", und auch nicht: „Kannst du herausfinden, was sie fühlen?" oder auch nur: „Wie könntest du es herausfinden?", sondern: „Kannst du jemanden vorschlagen, der sich eine Möglichkeit vorzustellen vermag, es herauszufinden?" Der Psychodramaleiter richtet also nicht selbst direkte Fragen an einzelne Individuen oder an die Gruppe, sondern bedient sich einer Methode, die ebenso wie das zirkuläre Fragen (Penn 1983) die wechselseitigen Zusammenhänge zwischen den Gedanken, Gefühlen und Aktionen der Gruppenmitglieder in ihrer Gesamtheit ergründet. Diese Art zu fragen führt den Gruppenmitgliedern die Verbindungen, die zwischen ihnen bestehen, deutlicher vor Augen. Sie ermöglicht ihnen auch eine aktive Selbsterforschung.

Diese Untersuchungsmethode veranlaßt Amanda zu der Aussage, daß es ihr schwerfalle, ein Gespräch anders als mit einer Frage zu beginnen. *Wenn* sie jedoch eine Frage stellt, ist sie sehr beharrlich und gründlich! Das anschließende Gespräch zeigt, daß „sitzen" gleichbedeutend ist mit „müde", „vermeidend" oder „protestierend" – manchmal ist von allem etwas im Spiel.

Der Psychodramaleiter fragt: „Wer wird wohl als letzte Person noch stehen bleiben?" Diese Frage bewirkt, daß die anderen Mitglieder rasch Platz nehmen – nun stehen nur noch der Psychodramaleiter selbst und Amanda. Es folgt eine lange Pause, so als habe sich die Gruppe erneut „festgefahren": War all dies nur Zeitverschwendung? Die Aufmerksamkeit wendet sich Katie zu, einer Patientin, die sehr klar signalisiert hat, daß sie mit nichts, was in der Gruppe geschehen mag, etwas zu tun haben will. Der Psychodramaleiter sagt, daß sie wie eine gelangweilte Zuschauerin wirke und die Gruppe durch ihre Haltung geradezu herausfordere, ihr Interesse zu wecken; er habe jedoch nicht die Absicht, ihr zuliebe „eine Show abzuziehen". Selbst unter diesen Umständen bekommt Katie von anderen Gruppenmitgliedern ein „Feedback", da sie es nicht vermeiden kann, der Diskussion, deren Gegenstand sie ist, zuzuhören. Die Teilnehmer fragen sich, welche Beweggründe Katie wohl veranlaßt haben könnten, zu der Psychodramasitzung zu erscheinen. Sie wirkt ernst und passiv feindselig. Bringt sie die Gefühle anderer Gruppenmitglieder zum Ausdruck? Ist nicht anerkannter und nicht zum Ausdruck gebrachter Zorn ein Konfliktthema? Und richtet sich der Zorn, wie Vincent vielleicht zu verstehen gab, gegen das Personal?

Nun versucht Lynn, die Gruppe aus der Sackgasse herauszuführen, indem sie Judith als Protagonistin vorschlägt. Es folgt eine Diskussion: Würde Judith ihre Arbeit als Protagonistin in erster Linie für sich selbst tun, oder würde sie vor allem Lynn und anderen Gruppenmitgliedern zuliebe arbeiten, um ihnen „aus der Patsche" zu helfen und es ihnen auf diese Weise zu ermöglichen, sich von dem Gruppengeschehen zu distanzieren? Am Ende der Diskussion verkündet Judith, daß sie schwanger sei und seit einer Woche Wehen habe. Die Gruppe diskutiert, wer für eine mögliche Fehlgeburt verantwortlich wäre. Manche Mitglieder sagen, daß Judith die ausschließliche Verantwortung trage. Andere glauben, daß alle Anwesenden gemeinsam verantwortlich seien. Vincent erklärt mit Nachdruck, daß die alleinige Verantwortung beim Psychodramaleiter (einem Arzt) liege und daß er, Vincent, mit all dem absolut nichts zu tun haben wolle!

Das Thema dreht sich also nun um die Ambivalenz der Gruppe in bezug auf ihre Verantwortlichkeit. Selbst die Einleitung einer Diskussion oder das In-Angriff-Nehmen einer Aufgabe setzt voraus, daß *irgend jemand* die Initiative ergreift! Bringt der Ärger auf das Personal zum Ausdruck, daß die Gruppe enttäuscht ist, weil die Klinikangestellten kein höheres Maß an Verantwortung übernehmen? Der Psychodramaleiter sagt, daß nicht *mehr* nötig sei, als daß sich einige wenige Personen zusammenfinden und etwas miteinander tun – dann könnten sich ihnen weitere anschließen. Aber auch wenn sich nur diese „wenigen" zusammenfinden sollen, muß irgend jemand als Initiator auftreten. Muß es sich bei dieser Person um den Psychodramaleiter handeln? Ist dies ein weiterer Autoritätskonflikt? Kathy, Angehörige des Pflegepersonals, drängt ungeduldig darauf, anzufangen: „Wir verschwenden unsere Zeit."

Es fällt auf, daß Dawn, die auf einem Stuhl neben dem Psychodramaleiter sitzt, offenbar eingeschlafen ist. Einige Gruppenmitglieder machen ihrem Ärger darüber Luft; vorwurfsvolle Bemerkungen werden laut. Es stellt sich heraus, daß etwas Ähnliches bereits in der Woche zuvor passiert ist und daß Dawn vor allem von Lynn und Judith angegriffen und „abgekanzelt" wurde!

Der Psychodramaleiter gelangt zu dem Schluß, daß die Feindseligkeit ihm und anderen Personalangehörigen gegenüber zum Teil auf seine scheinbare Unfähigkeit zurückzuführen ist, mit Dawn fertigzuwerden. Ihr Verhalten hat andere Gruppenmitglieder sehr frustriert, aber sie scheint auf deren Verärgerung überhaupt nicht einzugehen. Daß Dawn „schläft", ist natürlich extrem provozierend. Sie benötigt Hilfe, wird aber kaum darum bitten, geschweige denn irgendwelchen Vorschlägen zustimmen.

Die Handlung

Der Psychodramaleiter überlegt, ob ihre Passivität als ihre Methode verstanden werden kann, um Aufmerksamkeit zu bitten. Er macht den extrem ungewöhnlichen Vorschlag, daß Dawn die Protagonistenrolle übernehmen solle, obwohl sie dies scheinbar nicht möchte. Die Gruppe versammelt sich um Dawn, die noch immer auf ihrem Stuhl sitzt. Glücklicherweise sind diejenigen, die sie zuvor am heftigsten kritisiert haben, nun am meisten darum bemüht, ihr zu helfen. Sie und der Psychodramaleiter wissen bereits, daß Dawn am Nachmittag einen Termin mit ihrem Betreuer, Donald, haben wird, um mit ihm über eine Be-

100

gegnung mit Ruth, der Sozialarbeiterin, zu sprechen. Ruth möchte Dawn einen Besuch bei ihrem Baby ermöglichen, das in Pflege gegeben wurde. Dawn sieht dem Termin mit Ruth voller Angst entgegen, da sie fürchtet, während des Gesprächs „auszurasten" und ihr Baby, Suzanne, dann nicht sehen zu dürfen. Außerdem fühlt sie sich sehr schuldig, weil sie Ruth, von der sie jahrelang in höchstem Maß unterstützt wurde, enttäuscht hat.

Die Handlung beginnt damit, daß Vincent in der Rolle des Betreuers sie in ihrer Wohnung anruft. Um ihm Autorität zu verleihen, wird er bevollmächtigt, die Szene zu leiten und einen der Hauptcharaktere darzustellen. Er erläutert, wie er sich in der Rolle des Betreuers fühlt, und spielt seinen Part außerordentlich gut. An einem bestimmten Punkt droht sich die Handlung zu Vincents Psychodrama zu entwickeln, später aber wendet er sich wie ein echter Psychodramaleiter an die Gruppenmitglieder, um sie nach ihrer Meinung zu befragen und sich beraten zu lassen.

Nun wird jemand für die Rolle von Ruth, der für Dawns Kinder zuständigen Sozialarbeiterin, benötigt. Lynn bietet sich an, da sie über das bevorstehende Treffen bereits ein wenig informiert ist. Amanda wird Dawn doppeln. Hier nun wird Dawn, die nach wie vor auf ihrem Stuhl hockt, aufmerksamer. Schließlich erklärt sie sich bereit, die Rolle als Ruth zu übernehmen, und erklärt, zu welchem Zweck das Treffen stattfinden soll.

In Ruths Rolle erläutert sie, daß Dawn mit Brian verheiratet war – ihm stand sie schon seit ihrer Kindheit nahe, da er in ihrer unmittelbaren Nachbarschaft wohnte. Brians Mutter nahm Dawn oft mit zu sich nach Hause, weil ihre eigene Mutter schon in ihrer frühen Kindheit nicht mit ihr zurechtkam. Brian war ursprünglich eine Art Stiefbruder für sie gewesen. Ernsthaft auf die Probe gestellt wurde ihre Ehe, als ein Drogenhändler aus England auf der Szene auftauchte. Brian und Dawn trennten sich schließlich, und ihr gemeinsamer Sohn wurde in Pflege gegeben.

Die Gruppe erfährt darüber hinaus, daß Brian später zu Dawn zurückkehrte. Mittlerweile hatte sie Suzanne, das Kind eines anderen Mannes, zur Welt gebracht. Ruth, die Sozialarbeiterin, war aufgrund der gesamten Situation sehr beunruhigt und behielt

Dawn aufmerksam im Auge; Dawn erlebte dies mitnichten als Eindringen in ihr Privatleben, sondern sah in Ruth eine Freundin, die sie überaus schätzte – Ruth war vielleicht der einzige zuverlässige Mensch, mit dem sie über ihre familiären Probleme sprechen konnte.

Unglücklicherweise begann Brian erneut, Drogen zu konsumieren, und Dawn wußte, daß man ihr nach dem kleinen Jungen auch Suzanne wegnehmen und das Kind in Pflege geben würde, wenn sie Ruth davon erzählte.

Dawn erklärt, daß sie Ruth nicht anlügen wollte, und so hatte sie fast genau ein Jahr zuvor (es fehlten noch zwei Tage) darauf bestanden, daß Brian auszog. Dawn erläutert, daß sie zwar wütend auf Brian gewesen sei, aber durchaus auch ambivalente Gefühle gehegt habe. Ihre Wohnsituation war alles andere als zufriedenstellend; sie lebte in einem Haus, daß zimmerweise an eine ganze Reihe von Personen vermietet war. Eine soziale Kontrolle fand praktisch nicht statt. Wenn die Miete nicht gezahlt wurde, kam es an den Freitagabenden zu tätlichen Auseinandersetzungen mit dem Hausbesitzer; in den frühen Morgenstunden, wenn Betrunkene heimkehrten oder das Haus verließen, herrschte lebhafter Betrieb. Eines Nachts erwischte die Polizei Dawn bei einer Schlägerei und nahm sie in Untersuchungshaft. Das Baby wurde für mehrere Tage in einer Pflegefamilie untergebracht.

Die Atmosphäre in dem Mietshaus verschlechterte sich noch, als Brian zurückzukehren versuchte. Dawn wollte ihn fortschicken. Das Baby schrie. Dawn wurde von ihrer Verzweiflung und Niedergeschlagenheit überwältigt (sie hatte die Angewohnheit entwickelt, ihre Frustration zu unterdrücken, weil sie in der Vergangenheit die Erfahrung gemacht hatte, betrogen zu werden, wenn sie ihre wahren Gefühle offenbarte; als sie ihre Gefühle nicht länger unter Kontrolle halten konnte, brachen sie explosionsartig aus ihr heraus). Sie betrank sich, ging aus und ließ das Baby bei einer Freundin, die als nicht sonderlich zuverlässig galt. Dawn konnte Ruth nicht erklären, daß sie das Schreien des Babys nicht länger ertragen hatte, denn Suzanne galt für die Behörden bereits offiziell als Risikokind, und die Gefahr, daß man sie ihr wegnehmen würde, war groß. Aber selbst unter diesen Umständen fühlte sich Dawn später, als Suzanne schließlich in Pflege gegeben wurde, von Ruth verraten.

Nun hat Dawn Angst, Ruth zu begegnen. Vielleicht fürchtet sie sich vor ihrer eigenen Wut, die sie auf Ruth empfindet; möglich ist auch, daß sie ihren Zorn in Ruth projiziert hat und nun erwartet, daß diese ihr die Hölle heiß machen wird, weil sie sich nicht um ihr Baby gekümmert hat.

Dawn wird aufgefordert, Ruths Rolle zu übernehmen! Von Ruths Position aus kann sie erkennen, daß die Sozialarbeiterin zwei Loyalitäten gehorchen muß – zum einen ist sie Dawn verpflichtet, der sie in ihrer Mutterrolle gegenüber dem Baby beistehen muß, zum anderen aber auch ihren Vorgesetzten, die gesetzliche Vorschriften und allgemeine Richtlinien zu befolgen haben. Diese Erkenntnis ist für Dawn eine Offenbarung, denn vor dem Rollentausch hat sie von Ruths doppelter Verantwortlichkeit keine klare Vorstellung gehabt.

Über den Rollentausch hinaus benutzt der Psychodramaleiter auch Dawns Doppelgängerin, Amanda, als indirekte Informationsquelle. Dies ist im klassischen Psychodrama nicht unbedingt üblich, im Rahmen dieser strategischen Intervention aber ermöglicht es Dawn, ihrer Sozialarbeiterin unter konstruktivem Vorzeichen zu begegnen. Auf die Anweisung des Psychodramaleiters eingehend, stellt die Doppelgängerin die rhetorische Frage: „Hat sich jemals irgend jemand um mich gekümmert, ohne mich später fallenzulassen?" Dawn erwidert, daß ihre Pflegemutter gut zu ihr gewesen sei. Dawn hat sie seit einigen Jahren nicht mehr gesehen und fürchtet sich ein wenig vor einer Begegnung; sie würde die Pflegemutter aber, wenn ihr jemand „beistünde", gleichwohl gerne wiedersehen.

Nun beteuert die Doppelgängerin: „Für niemanden bin ich die Nummer 1; alle setzen das Baby an die erste Stelle, und nie mich …! Wie kann ich sagen, was ich wirklich empfinde, wenn die Bedürfnisse des Babys sowieso immer als wichtiger betrachtet werden?" Dieses Gefühl, niemals Priorität zu erhalten, ist ein Thema, das Dawns ganzes Leben durchzieht.

Gegen Ende des Psychodramas hat Dawn einen guten Kontakt

zur Gruppe. Sie kann sagen, daß sie sich nun auf die Begegnung mit Ruth besser vorbereitet fühlt.

In der Nachbesprechung sagte Lynn, die während des Rollentausches Dawns Rolle übernommen hatte, daß sie sich in Dawns Einsamkeit und in ihr Bedürfnis, sich zu betrinken, habe einfühlen können. Auf die Frage, wie sie sich in der Rolle von Ruth, der Sozialarbeiterin, gefühlt habe, antwortet Lynn zunächst, daß sie nicht sehr viel empfunden habe; im weiteren Gesprächsverlauf aber wurde ihr klar, daß sie Dawns trotzigen Widerstand sehr genau wahrgenommen hat. „Das bin *ich*", erklärte Lynn. „Ich kann erkennen, daß ich meine Aufsässigkeit nicht zum Ausdruck bringe. Ich verschließe sie. Ich nehme sie nicht bewußt wahr, und niemand weiß von ihr!" Diese Einsicht eröffnete weitere wichtige Themen, die Lynn im Laufe der Zeit zu bearbeiten vermochte. Darüber hinaus konnte Lynn, die eine Berufsausbildung im sozialwissenschaftlichen Bereich absolviert hat, später sagen, daß sie ursprünglich Sozialarbeiterin werden wollte!

Nachspiel

Die Konsequenz dieses Psychodramas bestand darin, daß sich Dawn am Nachmittag gemeinsam mit ihrem Betreuer die Videoaufnahme ansah. Einige Tage später trafen sich beide mit Ruth und zeigten auch ihr das Video. Auf diese Weise gelang es Dawn, ihren Dialog mit Ruth und dem Jugendamt wiederaufzunehmen.

Als das Personal nach einiger Zeit davon überzeugt war, daß Dawn bei einem Wiedersehen mit ihrem Kind keinen unkontrollierbaren Wutanfall bekommen würde, erhielt sie die Erlaubnis, Suzanne zu besuchen.

Dawns Schwierigkeit, jenen „ins Gesicht" zu blicken, mit denen sie sich gestritten hatte – Menschen, die ihr sehr viel bedeuteten und die sie brauchte, von denen sie aber fallengelassen worden war (oder von denen sie sich verraten fühlte) –, war ein eher generelles Merkmal ihrer Beziehung zu wichtigen Personen ihres Lebens. Später stellte sich heraus, daß sie seit drei Jahren nicht imstande war, ihrer Großmutter gegenüberzutreten, weil sie sich davor fürchtete, ihr mitzuteilen, daß die Behörden ihren Sohn in einer Pflegefamilie untergebracht hatten.

Zusammenfassung

Dieses Psychodrama, das sich während des Warming-up aus dem Gruppenprozeß heraus entwickelte, wurde für den Psychodramaleiter zum Vehikel, um (1) ein Gruppenproblem, die scheinbare Gleichgültigkeit gegenüber dem Personal (später exemplifiziert durch Dawns sturen Widerstand), zu thematisieren, und (2) Dawn die Fähigkeit zu vermitteln, eine Versöhnung mit ihrer Sozialarbeiterin anzustreben, die es ihr dann auch ermöglichen würde, ihr Baby zu besuchen. Der Begriff „strategisch" wird hier benutzt, weil der Leiter das Psychodrama bewußt als Mittel einsetzte, um im Rahmen von Dawns Gesamtmanagement ein bestimmtes Ziel zu erreichen. Darüber hinaus verhielt er sich Dawn gegenüber auch sehr kontrollierend, indem er seine eigenen Absichten ursprünglich gegen die der Protagonistin durchsetzte. An welchem Punkt Dawn den Plan des Psychodramaleiters durchschaute, ist nicht klar, und der Psychodramaleiter war sich auch nicht vollkommen sicher, wann er die Idee für sich ausgearbeitet hatte.

Aufgrund von Dawns ungemein sturer Haltung hatte der Therapeut beschlossen, das Psychodrama sehr aktiv zu leiten. Vielleicht war diese aktive Regie genau das, was die Protagonistin brauchte, denn sie beschloß, ihm zu folgen. Wenngleich das komplementäre Muster „Psychodramaleiter führt/Protagonistin folgt" während der gesamten Handlung aufrechterhalten blieb, entwickelte Dawn nach und nach eine größere Kooperationsbereitschaft.

Dieser Stil, auf Dawns trotzigen passiven Widerstand mit konsequentem Management zu reagieren, war Teil eines Musters, das sich während ihres gesamten Umgangs mit den Jugendämtern und Gesundheitsbehörden immer wieder beobachten ließ. Ein frühes Beispiel stammt aus ihrem vierzehnten Lebensjahr:

Die Polizei war zu einem unbeschreiblich heruntergekomme-
nen, völlig verdreckten Haus gerufen worden, um die Tür zu
Dawns Zimmer aufzubrechen, weil man vermutete, daß sie sich
dort eingeschlossen hatte. Inmitten all des Schmutzes, den ihre
Mutter im ganzen Haus liegen ließ, befand sich ihr Zimmer in
tadellosem, einwandfreiem Zustand. Dawn war zu Pflegeeltern
gekommen und mit dieser Maßnahme außerordentlich zufrie-
den gewesen. Später – etwa ein Jahr nach diesem Psychodrama
– beschloß der Psychodramaleiter als Dawns Psychiater, die Großmutter aufzusuchen, die Dawn drei Jahre lang nicht mehr gesehen hatte, weil sie fürchtete, der alten Frau „das Herz zu bre-
chen", wenn sie ihr berichtete, daß ihre Kinder in Pflege gegeben worden seien. Die Großmutter hatte sich, wie im Grunde
nicht anders zu erwarten, große Sorgen um Dawn gemacht und
reagierte überaus erleichtert, als sie erfuhr, daß ihre Enkelin
gesund war. Als Dawn hörte, daß ihre Großmutter die Nachrich-
ten überlebt hatte, wollte sie sie unbedingt wiedersehen, und so
wurde schon bald ein Besuch vereinbart; im „Leben" wie im
Psychodrama beantwortete Dawn eine aktive Initiative mit bereit-
williger Kooperation!

Fassen wir den Verlauf unter systemischem Blickwinkel zusammen: Das Psychodrama illustrierte Metapher und Isomorphismus. Das Thema der Übernahme von Verantwortung, das zuerst
in der Einstimmungsphase in bezug auf die Wahl des Protagonisten und später noch einmal im Zusammenhang mit der
Schwangerschaft einer Patientin auftauchte, setzte sich in der
Spielphase fort, in der schließlich der Psychodramaleiter die
Kontrolle in die Hand nahm. Das gleiche Thema begann sich
auf die Verantwortung der Sozialarbeiterin gegenüber Dawns
Baby zu konzentrieren. Man konnte Dawns trotzigen Widerstand
daher als verschleierten Hinweis auf ihren Wunsch verstehen,
daß jemand für sie selbst die Verantwortung übernehmen sollte,
sowie als Appell an die Gruppe, ebendies zu versuchen. Dem
nachzugeben hätte jedoch bedeutet, Dawn die Verantwortung
abzunehmen, während die Therapie das Ziel verfolgte, sie in die
Lage zu versetzen, ihre eigenen Verpflichtungen anzuerkennen.
Gelöst wurde das Dilemma, indem die Gruppe für sich selbst in

ihrer Beziehung zu Dawn die Verantwortung übernahm. So schuf das Psychodrama für die Gruppenmitglieder und den Psychodramaleiter die Möglichkeit, zusammen an ihrer gemeinsamen Verantwortlichkeit für ihre Beziehung zu Dawn zu arbeiten.

Dawns Reaktion stimmt mit dieser Erklärung überein. Sie sah sich das Video am Nachmittag und später noch einmal zusammen mit Ruth an, um dieser Informationen zu vermitteln, die sie ihr auf andere Weise nicht geben konnte. Das Psychodrama, das mit einer Protagonistin inszeniert wurde, die anfangs keinerlei Entscheidung zu treffen vermochte, stand als Metapher für eine Mutter, die für ein Kind, das noch keine selbständigen Entscheidungen treffen kann, Verantwortung übernimmt, ihm aber gleichzeitig die Freiheit läßt zu erkennen, wie es zu einer eigenen Entscheidung finden kann.

Fünftes Kapitel
Das Psychodrama
als Informationsquelle

Formulierung einer systemischen Hypothese im Management einer schizophrenen, stationär behandelten Patientin

Das Psychodrama kann zur Abklärung von Hintergrundinformationen über psychotische Patienten hilfreich sein, die bei einer normalen Anamnese nicht in der Lage sind, aktuelle Erfahrungen mit Ereignissen aus der Vergangenheit in Zusammenhang zu bringen. Wenn der Patient die Frage-und-Antwort-Form der üblichen Anamnese nicht unbedingt befolgen muß, sondern ihm wahlweise auch Aktionsmethoden zur Verfügung stehen, kann er durch den mit ihnen verbundenen wiederholten Rollentausch Vorgänge erinnern und beschreiben, die seinem bewußten Denken und Erleben auf andere Weise nicht zugänglich sind.

Dieses Kapitel demonstriert, wie auf der Grundlage der klinischen Symptome, der Beteiligung der Familie sowie des Materials aus der Fallgeschichte und dem Psychodrama der Patientin eine systemische Hypothese aufgestellt und durch die Aktion auf der Stationsebene überprüft werden kann. Abbildung stellt diesen Prozeß dar.

Edith als 60jährige

Schizophrenie   (negativ-katatonisch)

A. **Vorstellung**   stumm
                                           Nahrungsverweigerung
   Psychiatrische Klinik   Weigerung, das Bett zu
                                           verlassen

B. **Psychiatrische Krankheitsgeschichte**

Alter	Psychiatrische Krankheit
35	Depression nach gescheiterter Ehe
40	**Anorexia nervosa** zweijährige Bettlägerigkeit in der eigenen Wohnung – Gewichtsverlust
43	**Diagnostizierung der Schizophrenie** 10 Jahre orale neuroleptische Medikation Arbeit als Privatsekretärin für einen prominenten Staatsbeamten
53	*Rückfall*. Hört auf zu arbeiten, kümmert sich um Mutter (Vater ist tot). Gestalt ein Psychodrama.
54	Tod der Mutter. Patientin lebt selbständig zu Hause.
58/59	Wiederholte Einweisungen

C. **Zusammenhang zwischen A und B?**   Ediths Beziehung zu ihren Schwestern.

D. **Was fehlt?**   Ein Verständnis von Ediths Schwestern.

E. **Was könnte Ediths derzeitiger psychischer Verfassung eine Bedeutung verleihen?**

F. **Ediths**   Psychodrama (Retrospektive Information)
                   (im Alter von 53 Jahren)

                   Übernimmt die Rolle ihres Bruders, der als Kind vor Ediths Geburt starb.

                   Mit **Hilfe der Surplusrealität** spricht sie so, als ob sein Geist noch lebe;
                   ihr fallen frühere Erlebnisse ein, und sie liefert Material, über das weder ihre
                   Schwestern noch Edith selbst in ihrer normalen Rolle sprechen würden.

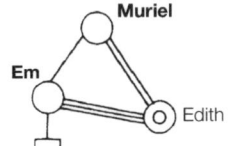

2 sorgende Verwandte   ● $ ● $

                         Selbstmord   Selbstmord

Laden der Familie

M
V (Alkoholiker)

Abbildung 5.1

109

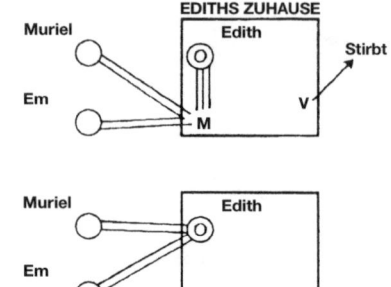

Trauer der Schwester über den Tod der
Mutter wird zur Sorge um Edith

Aber: Wer kümmert sich um wen?

H.

Geschäftlich unterwegs | Verkäuferin | Hoher Sozialstatus | Invalide

EM — MURIEL

EDITH

Hypothese

1. Edith kalibriert die Beziehung zwischen Em und Muriel.

2. Aber wenn Edith dies alleine nicht schafft, hilft ihr die "Struktur" der psychiatrischen Klinik, ihre Rolle zu spielen.

I. Intervention

1. Die Besuchszeiten der Schwestern auf der Station werden gekürzt.

Dann

2. Die Schwestern dürfen Edith nur besuchen, wenn sie zu Hause ist. (Edith wird von einer Krankenschwester für zunehmend längere Zeiträume in ihre Wohnung gebracht.)

Edith, ein Dame mittleren Alters, die unter chronischer Schizophrenie leidet, wird während ihres Psychodramas (Abbildung 5.1 F) gebeten, die Rolle ihres etwas älteren Bruders zu übernehmen, der als kleines Kind gestorben ist; sie spricht so, als sei er wieder lebendig und in exakt dem Alter, das er nun erreicht hätte, wenn er nicht gestorben wäre. In der Rolle ihres Bruders beschreibt sie, wie sehr die beiden älteren Schwestern an ihm hingen. Sie maßen ihm eine ganz besondere Bedeutung bei, da die Mutter sich dem alkoholkranken, tyrannischen Familienvater vollständig unterordnete und für ihre Töchter emotional nicht verfügbar war. Der Tod des Bruders erschütterte die Schwestern zutiefst, und sie begannen, ihre Aufmerksamkeit auf Edith zu konzentrieren – sie sollte die Lücke füllen, die der Bruder hinterlassen hatte. Eine der Schwestern bekam später ein uneheliches Kind – vermutlich ein Versuch, einen Menschen ganz für sich allein zu haben, statt ihn, wie Edith, mit der anderen Schwester teilen zu müssen. Dies alles geschah vor dem Zweiten Weltkrieg. Zwei nahe Verwandte hatten Selbstmord begangen, eine von ihnen aus Kummer über den Tod ihres Kindes. Die Schmach, die diese damals unaussprechlichen Ereignisse – das uneheliche Kind von Ediths Schwester und die Selbstmorde – über die Familie brachten, isolierte sie von anderen Menschen. Als Kinder hatten auch sie gespürt, daß man über diese Angelegenheiten nicht sprach, nicht einmal innerhalb der eigenen Familie.

Sechs Jahre nach diesem Psychodrama wurde Edith erneut mit negativistischen katatonischen Symptomen eingeliefert; sie war stumm und weigerte sich, zu essen oder das Bett zu verlassen (Abbildung 5.1 A).

Der Psychiater suchte nach einer systemischen Hypothese zur Erklärung von Ediths Rückfall und der Form, in der er aufgetreten war, und bemühte sich, aktuelle Familienbeziehungen mit dem, was er aus dem Psychodrama erfahren hatte, zu verbinden. Ihre Schwestern, die an den erweiterten Sitzungen teilnahmen, schienen nur widerstrebend bereit zu sein, eingehend über den gemeinsamen familiären Hintergrund zu sprechen.

Es fiel auf, daß die Schwestern Edith recht häufig auf der Station besuchten und daß sie meistens zusammen kamen. Zudem stellte sich heraus, daß sie Edith auch sonst, wenn sie nicht im Krankenhaus war, regelmäßig und häufig aufsuchten, allerdings niemals gemeinsam.

Darüber hinaus wurde klar, daß zwischen diesen beiden einander so eng verbundenen Schwestern ein Konfliktpotential bestand, das mit dem Bedürfnis zusammenhing, sich in finanziellen Angelegenheiten auf den Rat der anderen stützen zu können. Von Zeit zu Zeit hatten die Schwestern untereinander Probleme, über die sie sich nicht aussprechen konnten. Edith aber diente als Fokalpunkt: Wenn die Schwestern auf den Kontakt zueinander angewiesen waren, diente ihnen Ediths Klinikaufenthalt als „Grund", sich zu treffen. Indem sie sich um Edith kümmerten, konnten sie zugleich ihre eigenen Sorgen auf die jüngere Schwester verschieben.

Vor diesem Hintergrund wurde die Hypothese (Abbildung 5.1 H) formuliert, daß die Schwestern mit Edith und über Edith kommunizierten, wenn sie selbst in Schwierigkeiten steckten (wenn sie zum Beispiel krank waren oder Probleme mit ihren Kindern hatten). Es ist durchaus denkbar, daß Edith es als Belastung empfand, sich diese Probleme anhören zu müssen. Auch Verwirrung mag zu ihrem Rückfall mit beigetragen haben – sie wußte nicht, ob sich die Schwestern wirklich um sie sorgten oder ob sie ihre Krankheit ausnutzten, um ihren eigenen Kummer besser bewältigen zu können. Beides war denkbar. Man könnte Ediths Stummheit, ihre Nahrungsverweigerung und den Klinikaufenthalt so verstehen, daß sie zwar ins Krankenhaus eingewiesen werden wollte, sich aber gleichzeitig gegen die medizinische Versorgung wehrte. Sie wollte sich nicht mit den Ängsten ihrer Schwestern belasten, dennoch aber auf deren Bedürfnisse eingehen. Ediths Kompromiß angesichts ihres paradoxen „Wunsches", Besuch zu bekommen und gleichzeitig nicht besucht zu werden, bestand darin, sich ins Krankenhaus einweisen zu lassen, ohne jedoch sprechen zu können – die Schwestern mochten sie besuchen und sich bei dieser Gelegenheit ebenfalls sehen, aber sie konnten nicht mit Edith sprechen, weil Edith sich jedem Gespräch verweigerte.

Die systemische Bedeutung von Ediths Stummheit und der paradoxe Charakter ihrer katatonen Symptome ließen sich daher mit ihrer tiefen Ambivalenz gegenüber ihren Schwestern und deren Besuchen im Krankenhaus erklären.

An den Familiensitzungen nahmen die Schwestern und ihre Ehemänner teil (allerdings waren niemals beide Ehemänner gleichzeitig anwesend; dafür wurden zwar plausible Gründe genannt, dennoch aber bestand der Verdacht, daß zwischen ihnen

112

Konflikte schwelten). Die Ängste der Angehörigen selbst konnten zu einem gewissen Grad thematisiert werden, aber die Schwestern reagierten mit erheblichem Widerstand; für sie drehte sich alles um Ediths Krankheit (Abbildung 5.1 G). Als sich zeigte, daß deren Ambivalenz gegenüber dem „Kranksein" um so intensiver wurde, je stärker sich die beiden Schwestern darauf konzentrierten, erfolgte eine strukturelle/strategische Intervention (Abbildung 5.1 I): Die Besuche der Schwestern auf der Station wurden eingeschränkt; sie sollten Edith nur noch in deren Wohnung besuchen (wohin sie täglich für zunehmend lange Zeiträume von der Krankenschwester gebracht wurde).

Dieser Plan erwies sich als erfolgreich. Edith hatte die Beziehung zwischen ihren Schwestern seit ihrer Kindheit insofern kalibriert, als diese ihr die Zeit und Liebe widmeten, die sie von ihrer Mutter nicht hatten bekommen können. Zudem füllte Edith auch die Lücke, die der Tod ihres Bruders hinterlassen hatte. In der Zeit zwischen ihrem Psychodrama und dem Rückfall sechs Jahre später war ihre Mutter gestorben, und wieder einmal hatte Edith eine Lücke gefüllt, indem sie zum Mittelpunkt der Sorgen und Ängste ihrer Schwestern wurde. Dem unbewußten Überzeugungssystem der Familie zufolge ließen sich Sorgen lindern, indem man sich um eine Ersatzfigur kümmerte.

Wenn Edith allein aber nicht in der Lage war, die Sorgen ihrer Schwestern zu teilen oder deren emotionalen Kontakt zu kalibrieren, übernahm die Klinikstruktur als Institution diese Aufgabe. Bedauerlicherweise konnte sich ein solches dysfunktionales Muster verselbständigen (bevor wir die systemische Bedeutung verstanden, war Edith wiederholt und jedesmal für einen längeren Zeitraum stationär aufgenommen worden). Als sie keine Möglichkeiten mehr besaßen, Ediths Erkrankungen und Klinikaufenthalte als Ventil für ihre eigenen Ängste und Sorgen zu benutzen, fanden die Schwestern – gezwungenermaßen – offenbar andere Wege; seit der letzten Intervention lebt Edith selbständig und ohne signifikante Symptome in ihrer eigenen Wohnung. Sie erhält Besuche von der psychiatrischen Krankenschwester der Gemeinde und wird mit oralen Neuroleptika behandelt.

Rückblickend können wir feststellen, daß das Psychodrama dem Psychiater/Psychodramatherapeuten die Möglichkeit gab, eine Verbindung zwischen dem Muster der gegenwärtigen Beziehungen der drei Schwestern und einem ähnlichen Muster aus der Vergangenheit herzustellen. Die Bedeutung von Ediths Krankheit als Regression auf den Zustand eines hilflosen, auf die Fürsorge der Schwestern angewiesenen Kindes und ihre Funktion, eine Lücke zu füllen, um die Verschiebung der Sorgen um andere, lebende oder verstorbene Personen zu ermöglichen, wurde auf diese Weise deutlich.

Es ist durchaus denkbar, daß das Psychodrama Edith sechs Jahre zuvor unmittelbar geholfen hatte; nun aber bestand seine Signifikanz vor allem darin, dem Psychiater die Konstruktion einer systemischen Hypothese zu ermöglichen, die Ediths Rückfälle zu erklären vermochte. Was Ediths eigene Psychopathologie betrifft, so war es aus theoretischer Sicht verblüffend, wie spontan sie die Rolle ihres Bruders spielte, während sie selbst sich im Laufe der Jahre ein ausgesprochen gespreiztes und vorhersagbares Verhalten angeeignet hatte (sie war zehn Jahre vor ihrem Psychodrama als schizophren diagnostiziert und seither ununterbrochen medikamentös behandelt worden). Die Überlegung, daß Edith selbst sowohl im Unbewußten ihrer Familienangehörigen als auch in ihrem eigenen unbewußten Empfinden lebenslang mit ihrem toten Bruder identifiziert geblieben war, könnte sowohl das mangelnde Selbstgefühl erklären, unter dem sie zeit ihres Lebens gelitten hatte, bis es im Ausbruch der Schizophrenie kulminierte, als auch die Spontaneität, die sie in der Rolle ihres Bruders bewies!

Die Diagnose der posttraumatischen Belastungsreaktion

Danielle, Ende Vierzig, wendet sich seit zweiundzwanzig Jahren in unregelmäßigen Abständen an die psychiatrische Beratungsstelle. Ursprünglich erweckte sie den Eindruck einer ausgesprochen abhängigen, ungemein ängstlichen, phobischen und theatralischen Persönlichkeit. Bereits früh war es ihr gelungen, ihren Schwiegervater dazu zu überreden, sie nicht nur zu ihren gruppentherapeutischen Sitzungen zu bringen, sondern auch auf sie zu warten, um sie wieder nach Hause zu begleiten. Sie hatte eine hochambivalente Beziehung zu ihrem besitzergreifenden Vater und einer überbehütenden Mutter gehabt und ihre Eltern in Belgien zurückgelassen, um in Guernsey zu leben, obwohl sie allein gar nicht zurechtkam. Man vermutete, daß sie unter Trennungsängsten litt sowie unter dem Bedürfnis, sich von der Mutter und dem Vater zu differenzieren, um nicht in deren Eheprobleme hineingezogen zu werden. Ein Resultat ihres Bedürfnisses, ihre eigene Identität zu wahren, während sie zugleich intensive Abhängigkeitsbedürfnisse bekundete, bestand darin, daß sie verschwand, sobald ihr irgendein Therapeut zu nahe kam, und sich kurze Zeit später an einen anderen Arzt oder Mitarbeiter überweisen ließ.

Auch in der Einstimmungsphase einer Psychodramasitzung vermittelte sie widersprüchliche Botschaften. Sie erklärte zum einen, „ein Flattern" im Bauch zu haben. Die andere Botschaft lautete, daß sie „nicht bereit" sei, ihr Problem zu bearbeiten. Die Gruppenmitglieder stellten sie zur Rede: Wie sollte sie wissen, wann sie bereit sei? Danielle bewies ein beneidenswertes Maß an Sturheit und ließ sich nicht überreden. Schließlich ging sie auf einen „Handel" ein: Sie würde die Protagonistin spielen, wenn sie zuerst fünf Minuten im Waschraum verbringen dürfe.

Der Kontext der Einstimmungsphase war vermutlich höchst relevant: Danielle brachte die Beschäftigung der Gruppe mit dem Ende des alten Jahres und die ambivalenten Gefühle zum Ausdruck, mit denen die Gruppenmitglieder dem neuen entgegensahen (es war das erste Psychodrama nach der Jahreswende). Die Gruppe war entschlossen, aus dem neuen Jahr „mehr zu machen", zugleich aber hegte sie die angstvolle Erwartung, sich erneut mit Traurigkeit, Schmerz, Arbeit und Konflikt auseinandersetzen zu müssen. Es war eine Kampf-Flucht-Haltung, die von den Mitgliedern weniger in ihrer Beziehung zueinander als vielmehr durch ihre Einstellung gegenüber der Zukunft ausgedrückt wurde.

Zu Beginn ihres Psychodramas taucht Danielles Furcht, Herzrasen zu bekommen, im Kontext eines isolierten, sinnlosen Daseins in ihrer Wohnung auf, in der sie immer wieder exzessiv staubsaugt und putzt, ohne jedoch Freude an ihrer Arbeit zu empfinden. In Wahrheit verhält es sich nämlich so, daß diese langweilige und verhaßte Arbeit sie von sämtlichen anderen Gedanken und Gefühlen abzulenken vermag. Die Szene wechselt, die Zeit wird um acht Jahre zurückgedreht – damals begannen ihre Panikattacken –, und Danielle befindet sich in demselben Zimmer: „Aus heiterem Himmel" bekommt sie Herzrasen, während sie aus dem Fenster sieht, ohne irgend etwas Bestimmtes wahrzunehmen. (Vielleicht ist es sogar relevant, daß sie zu dem Zeitpunkt nichts „tut".) Sie hat große Angst, allein zu sein, und sucht die Gesellschaft einer jüngeren Nachbarin – ohne jedoch „einzugestehen", daß sie Herzrasen hat. Darüber spricht sie erst später, als sie eine ältere Frau trifft, die ihr kompetenter erscheint. Ihr gegenüber bricht Danielle in Tränen aus und entschuldigt sich dann – als ob sie einer kompetenten Frau ein „Geständnis" mache, indem sie ihr sagt, daß sie traurig sei und Angst habe.

Daraufhin wird Danielle zu einer noch früheren Szene zurückgeführt; dies geschieht mittels eines technischen und metaphorischen Verfahrens: Der Psychodramaleiter nimmt sie an die Hand und schreitet mit ihr gemeinsam einen Kreis im entgegengesetzten Uhrzeigersinn ab. Danielle bleibt stehen, als sie das Alter von dreizehn Jahren erreicht. In den afrikanischen Kolonien tobt der Bürgerkrieg, und sie befindet sich mit ihren Eltern auf der Flucht. Sie sieht Menschen, die Selbstmord begehen und von den Schiffen springen, als sie ihr Heimatland verlassen. Danielle *sieht* dies wieder vor sich, während sie die Szene beschreibt; sie zittert vor Angst und jammert laut vor Kummer. Der Psychodramaleiter muß sie körperlich halten. Er fragt sie, ob sie jemals darüber gesprochen habe, und sie schüttelt den Kopf.

Nach einer Weile geht sie zurück zu einer Szene, in der sie neun Jahre alt ist und sich in der weitläufigen Wohnung ihrer Großmutter in der Hauptstadt des Landes aufhält. Ihre Großmutter streitet sich mit ihrer Mutter. Danielle bewundert und liebt beide Frauen. Sie ist das fünfte von insgesamt sieben Kindern und als erste Tochter der Liebling ihres Vaters. Er ist ein stolzer Chauvinist, der seine Familie jedoch zwingt, in der Wohnung seiner Schwiegermutter zu leben, weil er selbst kein Geld hat; er war ein Playboy, der erst einen Beruf ergriff, als Danielle geboren wurde. (Ist Danielle – eine Tochter – das, was die ganze Familie gebraucht hat, um funktionieren zu können? Hatte die Mutter ein Baby nach dem anderen bekommen, weil sie auf ein Mädchen hoffte, das den Vater zum Gelderwerb veranlassen würde?) In der Rolle verschiedener Familienangehöriger wird Danielle aufgefordert, flämisch zu sprechen, da die Muttersprache das Gefühl der Unmittelbarkeit intensiviert.

Danielle besitzt ein ausgeprägtes Verantwortungsgefühl, das besonders gefordert ist, als die Auseinandersetzung zwischen Mutter und Großmutter einen Höhepunkt erreicht. Die Mutter verkündet: „Ich mache das, was mir paßt", fällt zu Boden und bleibt bewußtlos liegen, ohne sich zu rühren. Danielle bricht in Tränen aus und glaubt, sie sei tot. Sie ergreift eine Statue der Jungfrau Maria, legt sie der Mutter auf die Brust und betet.

Danach berichtet Danielle über die beiden folgenden Jahre. Sie erklärt: „Ich habe Dinge getan, die niemand einem Kind zutrauen würde." Sie war umgeben von den Schrecken des Bürgerkrieges und des Terrors – von Geheimnissen, deren Verrat den Mord an dem Verräter zur Folge haben würde. Familien wurden auseinandergerissen und verloren ihr Heim, Existenzen wurden ruiniert.

Der Psychodramaleiter erkennt, daß Danielle seit jener Zeit unter einer posttraumatischen Belastungsreaktion leidet. Ihre schreckliche Phantasie, die Mutter sterben zu sehen, und die Grausamkeiten des Bürgerkrieges überlagerten einen Familienkonflikt, den Danielle so erlebte, als konzentriere er sich auf ihre Person. Vermutlich intensivierten die beiden Situationen einander wechselseitig. Die Familie wußte nicht, ob, und wenn ja, wann sie ihre afrikanische Heimat verlassen sollte. Das andere Problem der Eltern war die Frage, ob sie zusammenbleiben oder sich trennen sollten. Danielle verkörperte ihre gemeinsame Verbindung; die Mutter, die Großmutter und der Vater hielten große Stücke auf sie, und als älteste Tochter der Familie kam ihr insofern eine spezielle Rolle zu, als jeder sie liebte und von ihr erwartete, daß sie alle glücklich mache.

Um psychisch überleben zu können, mußten die belgischen Flüchtlinge zusammenhalten und für optimistische Stimmung sorgen, indem sie einen Gruppen„widerstand" entwickelten, wie Danielle es nannte. Dies galt sowohl für die Flüchtlingsgruppe insgesamt als auch für die Familie. Der „unerschütterlichen Haltung" entsprach der individuelle, dem Widerstand der Familie und der Gruppe analoge innere Widerstand – Angst oder Traurigkeit zuzulassen hätte bedeutet, diese Gefühle anderen zu offenbaren; dies wurde als mangelnde Loyalität angesehen, als Untergrabung der Solidarität. Kein Wunder also, daß sich Danielle in der Einstimmungsphase so „stur" verhielt. Sie war es nicht gewohnt, ihre Angst und Traurigkeit zu zeigen. Als sie acht Jahre zuvor erstmals jenes Herzrasen bekommen hatte, erwähnte sie es ihrer jüngeren Nachbarin gegenüber mit keinem Wort, weil sie die Frau nicht beunruhigen wollte. Sie hatte sich sogar bei dem Psychodramaleiter entschuldigt, so als seien ihre Tränen ein „Eingeständnis" von Gefühlen, die ihrer Meinung nach eigentlich nicht erlaubt waren; offenbar fürchtete Danielle, einen anderen Menschen mit einer Verantwortung zu belasten, wenn sie weinte.

Typisch für die der posttraumatischen Belastungsreaktion zugrundeliegende Situation ist Angst in Verbindung mit der Unfähigkeit, irgend etwas gegen den Streß tun zu können, das heißt, sich ihm entweder zu widersetzen oder – was eine besonders wichtige Rolle spielt – ihn für andere Menschen zu lindern. Ein weiteres Charakteristikum ist die Unfähigkeit, die eigene Panik, den Schmerz und die Verzweiflung zum betreffenden Zeitpunkt mit anderen zu teilen. In ebendieser Situation befand sich Danielle. Die Folge war, daß sie ihre Gefühle unterdrückte oder deren Existenz verleugnete. Häufig werden, wie es auch bei ihr der Fall war, Gefühle aus der bewußten Erinnerung verdrängt; später aber quälen sie den Menschen in Form medikamentös nicht behandelbarer Depressionen, allgemeiner Ängste, Alpträume, Phobien oder körperlicher Symptome; sehr häufig ist der

118

Zusammenhang zwischen den Symptomen und dem ursprünglichen Belastungstrauma nicht bewußt.

Um Danielle zu helfen, das Trauma durchzuarbeiten, wandte sich der Psychodramaleiter ihrem Vater zu, der – wie er aus einer frühen Szene des Psychodramas erfahren hatte – vier Jahre zuvor gestorben war. Danielle hatte einen Gegenstand erwähnt, den sie in ihrem Zimmer aufbewahrte, ein Geschenk ihres Vaters. Nachdem der Psychodramaleiter es ihr ermöglicht hatte, einige traumatische Kindheitsepisoden noch einmal bewußt zu durchleben und die Bedeutung ihrer Symptome zu erklären, mußte er ihr helfen, mit ihrem Kummer und ihrer Traurigkeit fertig zu werden. Eine Methode, die er einsetzte, war die der Katharsis: Danielle durchlebt das Trauma erneut, kann aber nun ihre Gefühle ausdrücken, um danach erst zu versuchen, die Situation zu verbessern. Eine andere Methode bestünde darin, ihr die Möglichkeit zu geben, mit ihren Angehörigen über ihre Gefühle zu sprechen – ein Kind braucht diesen Austausch, um sich behütet und beschützt zu fühlen.

Danielle wird gefragt, ob sie mit ihrem Vater vor dessen Tod gerne über etwas Bestimmtes gesprochen hätte. Sie ist sofort bereit, eine Szene mit ihrem Vater zu erfinden, die stattfinden könnte, wenn er noch am Leben wäre. Sie wählt einen Platz im Freien, in Belgien. Sie hatte ihrem Vater nicht direkt gesagt, daß sie ihn liebte, und möchte nun die Gelegenheit dazu nutzen. Im Rollentausch, als Vater, sagt sie, daß er stolz auf seine Tochter sei; es sei nicht einfach gewesen, mit ihm zu leben, und er habe nicht immer getan, was von ihm als Ehemann oder Vater erwartet wurde, aber er habe seine Tochter immer geliebt und große Stücke auf sie gehalten. Zurück in ihrer normalen Rolle, hört Danielle dem Mitspieler zu, der dies als ihr Vater wiederholt. Sie wird von Freudentränen überwältigt und empfindet tiefe Traurigkeit darüber, daß diese Situation zugleich den Abschied von ihrem Vater bedeutet. Sie umarmen einander ein letztes Mal, dann versammelt sich die Gruppe zur Nachbesprechung um sie.

Ein weibliches Gruppenmitglied spricht über die Schwierigkeiten, die ihr die Liebe zu einem Vater bereitete, der sie sehr grausam behandelt hatte. Eine andere Frau berichtet von einem

Gespräch, das sie vor einiger Zeit mit ihrem Vater führte, ein Gespräch, das ihr nach ihrem eigenen Psychodrama wichtig geworden war. Eine dritte Frau schildert ihre Schwierigkeit, überhaupt auf persönliche oder intime Weise mit ihrem Vater zu sprechen, da sie weiß, daß er ihrer Mutter alles, was sie ihm erzählt, hinterbringen wird.

* * *

Psychiatrisch formuliert, behandelte dieses Psychodrama die Diagnose und das Management einer posttraumatischen Belastungsreaktion. Psychodynamisch betrachtet, ging es um Verleugnung, Verschiebung und Wiederholungszwang: In der Hoffnung, es bewältigen zu können, versuchte die Patientin unaufhörlich, das Trauma zu wiederholen, und mußte immer wieder daran scheitern. Systemisch formuliert, spielten auch Isomorphismus und Metapher eine Rolle. Das Muster ihrer gegenwärtigen Lebensführung repräsentiert die Zeit in Afrika, in der sie nicht aus dem Haus gehen konnte. Ihre Sturheit, die während des Warming-up deutlich wird, könnte auf ein fortdauerndes Bedürfnis verweisen, in einer nach wie vor als sehr bedrohlich empfundenen Welt die Kontrolle zu behalten. Ihre Panikanfälle und ihr Herzrasen symbolisieren den scheinbaren Tod ihrer Mutter und stellen zugleich ein somatisches Äquivalent zu dem psychischen Streß dar, den sie vor ihren Mitmenschen auch in der Gegenwart nicht zeigen darf – eine Wiederholung der Vergangenheit, in der alle tapfer zusammenhalten mußten. Die Beziehung, die sie seit Jahren zum Krankenhaus und zum Personal aufrechterhielt, könnte man als Repräsentation oder symbolische Darstellung der Beziehung zu ihrer Familie während ihrer späten Kindheit verstehen: eine auf einer drohenden äußeren Gefahr beruhende übergroße Abhängigkeit verbunden mit dem Bedürfnis, ihr zu entfliehen (deutlich am regelmäßigen Wechsel der Therapeuten und Ärzte), um einem Loyalitätskonflikt mit den Elterngestalten auszuweichen.

120

Sechstes Kapitel
Zusammenfassung:
Die wechselseitige Beeinflussung therapeutischer Rollen in der öffentlichen psychiatrischen Gesundheitsversorgung

Dieses Buch stellt klinisches Material unter dem Blickwinkel eines Psychiaters, eines Psychodramaleiters oder eines Familientherapeuten vor – dies hängt von der jeweiligen Haltung ab, die zu einem bestimmten Zeitpunkt erforderlich ist. Denkbar sind Situationen mit einem einzelnen Patienten, mit einer Therapiegruppe oder einer Familie. Im ersten Kapitel habe ich erläutert, auf welche Weise auch einzelne Teammitglieder ihre Rollen der Aufgabe anpassen können, mit denen das Team konfrontiert ist. Eine der Manifestationen des Isomorphismus (ein Phänomen, das von de Shazer [1982] erklärt wird) besteht in der Neigung eines therapeutischen Teams oder eines Instanzennetzwerkes, die konfliktbesetzten Haltungen zu wiederholen, die in der betreffenden Familie aktiv sind.

Ein Bewußtsein für dieses Phänomen erleichtert die Diagnose oder das Verständnis der Handlungsmuster der Familie, und zwar nicht nur in deren Beziehung zu den Teamangehörigen oder Behörden, sondern auch innerhalb des Familiensystems selbst; besonders hilfreich erweist es sich im Hinblick auf die Frage, wie die Familie funktionieren würde, falls die Behörden nicht intervenieren könnten. Ein ähnliches Verfahren wurde in

Balints (1964) Arztgruppen angewandt: Die Gefühle, die während der Diskussion eines Falles innerhalb der Gruppe auftauchten, dienten dem vorstellenden Arzt als Hilfe, um seine eigene Reaktion auf den Patienten besser zu verstehen und eine angemessene therapeutische Haltung einzunehmen.

In der analytischen Psychotherapie ist es notwendig, daß der Therapeut die Projektionen des Patienten erkennt und in sich aufnimmt, indem er sich die Gefühle, die durch die Kommunikation mit dem Patienten in ihm selbst geweckt werden, bewußt macht. Auf diese Weise kann der Therapeut die Gefühle erspüren, die dem Patienten allzu schmerzhaft erscheinen; er kann sich sein Wissen als diagnostische Information zunutze machen, während der Prozeß als Container für die Ängste des Patienten dient.

Es ist (wie ich in einem weiteren Buch erklären werde) auch möglich, daß sich ein ganzes System der psychischen Gesundheitsversorgung so organisiert, daß es sensibel auf die verschiedenen Formen zu reagieren vermag, in denen die Fälle dargestellt werden – ob es sich um Individuen handelt, um die Überweisung von Familien oder um komplexe Probleme, an denen mehrere unterschiedliche Instanzen beteiligt sind. Wenn das System flexibel genug ist – was in einer kleinen Gemeinde durchaus möglich sein sollte –, um früheren Erfahrungen mit dem Patienten oder mit der Familie Rechnung zu tragen, dann können derartige Informationen über die Art und Weise, wie das Versorgungssystem durch die Fallpräsentation oder die Überweisung beeinflußt wurde, dem Team, das über die angemessene Reaktion zu entscheiden hat, als Orientierungshilfe dienen.

Um in dieser Weise effektiv operieren zu können, muß das Team innerhalb der eigenen Gruppe kommunikationsfähig sein; darüber hinaus muß das Teammitglied, das den intensivsten Kontakt zum Patienten hat, in der Lage sein, die vom Team formulierte, angemessene Haltung einzunehmen. In der Praxis könnte dies beispielsweise bedeuten, daß eine psychiatrisch ausgebildete Gemeindekrankenschwester irgendwann das soziale Umfeld eines Patienten erkundet und Informationen einholt oder zu einem anderen Zeitpunkt Distanzen innerhalb von Be-

122

ziehungen reguliert (indem sie etwa die Zeitdauer modifiziert, während der sich ein Patient und seine Familie sehen dürfen). Die Krankenschwester wäre in der Lage, diese beiden Rollen sowohl aufgrund ihres persönlichen Kontaktes zu der Familie als auch aufgrund entsprechender administrativer Vorkehrungen effektiv einzusetzen.

Ediths Fall, der im fünften Kapitel vorgestellt wurde, illustriert eine psychiatrische Arbeit, die frühere Erfahrungen einer Patientin einschließlich des Materials aus einem Psychodrama verwendet, um das Team, die Patientin selbst und ihre Familie zu befähigen, ein emotionales Dilemma und die klinischen Aspekte des Problems zu klären.

In bestimmten komplexen Fällen, vor allem solchen, die eine ganze Reihe interagierender Elemente umfassen, wie wir sie auch bei Edith beobachten konnten, ist mehr als eine einzige Intervention vonnöten. In anderen, sogar langwierigen Fällen kann sich eine Intervention in nur einer einzigen therapeutischen Modalität als hinreichend erweisen. Im Gegensatz zu Ediths Fall, der die konkrete Struktur des Krankenhauses und die aktive Intervention der psychiatrischen Krankenschwester erforderlich machte, illustriert Danielles Fall, der ebenfalls im fünften Kapitel beschrieben wurde, wie allein durch das Psychodrama eine entscheidende Veränderung zu bewirken ist, wenn Familienmitglieder nicht anwesend sein können und der Patient/die Patientin aus eigener Initiative die Tagesklinik aufsucht, um an der Gruppentherapie und dem Psychodrama teilzunehmen.

Man kann das Psychodrama mitunter auch als ein Instrument betrachten, um „mit der Zeit zu spielen". Die Grenzen von Zeit und Raum werden definiert und neu definiert, so daß Vorgänge je nach den wechselnden Bedeutungen, die ihnen der Protagonist, der Leiter und die Gruppenmitglieder beimessen, arrangiert und neu arrangiert werden können. Unterschiedliche zeitliche Muster verbinden diese drei Parteien, während das Drama gemeinsam entwickelt und in rekursiver Weise umgeformt wird.

Indem die einzelnen Aspekte von Danielles aktuellen Problemen (sowie deren physiologische Begleiterscheinungen) ihrem unterschiedlichen Entstehungszeitpunkt entsprechend geordnet werden – so daß die neunzig Minuten der psychodramatischen Handlung am Ende einen Zeitraum von dreißig Jahren abdekken –, wird die „Bedeutung" ihres Erlebens in einen historischen Kontext eingeordnet: Die Implikationen, die er in der Vergangenheit für Danielle besaß, definieren seine spätere Signifikanz. Erst als Danielle ihre „vergessene" Vergangenheit erneut „sieht" und – wichtiger noch – zum erstenmal darüber spricht, kann sie deren Zusammenhänge mit den aktuellen Problemen ihres Lebens erkennen.

Darüber hinaus kann sie erst jetzt „sprechen", weil sie in ihrem Psychodrama einen aktuellen Kontext gefunden hat, in dem es sicher, relevant und angemessen ist, von den schrecklichen Ereignissen und qualvollen Situationen ihrer Vergangenheit zu berichten. Die Loyalität gegenüber ihren Angehörigen und die Gefahren des Bürgerkriegs hatten sie zu schweigen gezwungen, ohne daß ihr dies bewußt geworden wäre, denn um ihre Erfahrungen alleine zu bewältigen, mußte sie ihre Erinnerungen daran verdrängen. Die Veränderung des Zeitrahmens im Psychodrama hatte es Danielle ermöglicht, in eine Phase zurückzukehren, in der ihr noch keine Loyalitätsbündnisse abverlangt wurden; auf diese Weise konnte sie gegenüber den Gruppenmitgliedern – insbesondere jenen, die als Hilfs-Ichs agierten – zum Ausdruck bringen, was sie als Kind nicht hatte formulieren können: ihren Zorn darüber, daß ihre Eltern und Großeltern von ihr erwarteten, als älteste Tochter und als Liebling beider Parteien in den familiären Konflikten zu vermitteln. Sie war die hilflose Beobachterin sowohl des Bürgerkrieges als auch der familiären Feindseligkeiten – isomorphe Muster, die sich in ihren Auswirkungen offenbar wechselseitig verstärkten. In einem zweiten Psychodrama war Danielle einige Wochen später in der Lage, diesen Zorn nachdrücklicher zu äußern und erneut ihren Vater „zum Leben zu erwecken", um mit ihm über den Kummer und die Sorgen zu sprechen, die sie im realen Leben aufgrund seiner defensiven Haltung nicht mit ihm hatte teilen können. Danach konnte sie beginnen, ihre bislang „nicht abgeschlossene Angelegenheit" mit ihm gemeinsam zu „begraben".

Danielle hätte dieselben vergessenen Szenen vermutlich auch unter Hypnose erinnert, und sie hätte den emotionalen Aufruhr durch eine Abreaktion mit intravenös verabreichtem Amylobarbiton „nacherleben" können, aber ihre Katharsis wäre vollkommen individuell gewesen. In einem psychoanalytischen Setting hätte das Geschehen interpersonalen Charakter gehabt: Vielleicht hätte der Therapeut in der Übertragung einen Elternteil repräsentiert. Das Psychodrama aber gab Danielle Gelegenheit, sich in der Situation, in der sie sich befunden hatte, sowohl von der Position anderer Familienmitglieder aus als auch unter ihrem eigenen Blickwinkel zu sehen; ihre unglückliche Lage wurde subjektiv und objektiv wahrgenommen. Die Gruppenmitglieder – und im Rollentausch auch Danielle selbst – erlaubten es ihr, ihre Geschichte zu erzählen, die Erfahrung noch einmal zu durchleben und sie in Worte zu fassen.

Die Erfahrung, die Worten anvertraut und von anderen gehört wird, hat einen anderen Charakter als die Erfahrung, die unausgesprochen bleibt. Durch die Magie der Sprache, durch Worte, die in der Gesellschaft anderer Menschen gesprochen werden, welche ihre Bedeutung erfassen und verstehen können, erwachen Gedanken zum Leben.

Wenn der Psychodramaleiter im Namen der Gruppe und mit Zustimmung sämtlicher Anwesenden eine Szene vorbereitet, bildet diese aufgrund der von allen geteilten Bedeutung eine sozial erzeugte Realität: Sie wird als eine „reale" Szene erlebt, da sie gleichzeitig für den Protagonisten, für den Leiter und für die Gruppe „dieselbe" Szene darstellt. Die vom Hilfs-Ich gespielte Mutter, die scheinbar tot am Boden liegt, *ist* symbolisch Danielles Mutter, und Danielles Reaktion ist sozial authentisch. Es ist kein bloßes „Spielen" oder „Agieren" – zu diesem Zeitpunkt ist sie die authentische Danielle.

Das Grundmerkmal der dramatischen Handlung aber ist das Maß, in dem sie die Gruppenmitglieder einbezieht, die im Unterschied zum Psychodramaleiter, der das gesamte System – einschließlich seiner selbst als Teil dieses Systems – beobachtet (von Foerster 1979), nicht auf eine beobachtende Funktion beschränkt bleiben. Vielmehr befinden auch sie sich psychisch

„im" Drama. Danielle als Kind spricht zum Beispiel durch Identifizierung das Kind in sämtlichen Gruppenmitgliedern an. Danielles Schmerz ist auch ihr Schmerz. Danielles Katharsis ist auch ihre Katharsis. Darüber hinaus sind es insbesondere die unerwünschten oder nicht anerkannten Aspekte der eigenen Persönlichkeit, die in den intensivsten Dramen zutage treten. Das bedürftige Kind, der mißhandelnde Verfolger, der von der Gesellschaft nicht anerkannte Außenseiter in jedem von uns werden in der Geschichte des Protagonisten repräsentiert. Dies geschieht zuweilen unbewußt, häufig aber nehmen wir es bewußt wahr. Der Protagonist erledigt nicht nur seine eigene „Arbeit", sondern auch die der Gruppenmitglieder.

Das Psychodrama ermöglicht es nicht nur, daß ein Individuum zugunsten anderer „arbeitet"; darüber hinaus erfüllt es die Funktion, ausgestoßene Teile einer Gesellschaft wieder zu integrieren. So läßt sich das Konzept der für die psychische Gesundheit zuständigen Institution als Container der unerwünschten Mitglieder einer Gesellschaft im Mikrokosmos in Lucys Psychodrama untersuchen, das im dritten Kapitel beschrieben wurde. Das Thema des sozialen Status wird mit Hilfe eines Dramas erforscht und bewältigt, das Lucy im Namen der Gruppe aufführt; in diesem Prozeß entgiftet sie die Projektionen und Introjektionen, durch die sie zum „Sündenbock" wurde.

Wir haben gesehen, wie die gesellschaftliche „Außenseiterin" während der soziometrischen Einstimmungsübungen, die Lucys Psychodrama vorangingen, zur „Auserwählten" wurde – ein Muster, das sich in der Handlungsphase wiederholt. Lucys Verwandlung in die auserwählte Protagonistin findet nur deshalb statt, weil sich gleichzeitig in der Gesamtgruppe eine Wandlung vollzieht: Jedes Mitglied wird zu einem gewissen Grad innerlich verwandelt; die nicht anerkannten Teile werden bewußt oder unbewußt wahrgenommen und in größerem oder geringerem Maße als Aspekte des Selbst akzeptiert.

Diese Umwandlung oder Umkehrung durch das Drama ist, was die Rolle der für die psychische Gesundheit zuständigen öffentlichen Einrichtungen betrifft, noch in einer weiteren Hinsicht relevant. Psychiatrische Krankenhäuser werden häufig so-

126

zial stigmatisiert, und wir verfügen über eine umfangreiche Literatur, welche die soziale Funktionalisierung des psychiatrischen Pflegepersonals durch politische Autoritäten, die Einfluß auf das Management von Pflegeanstalten und ihren Insassen nehmen, untersucht. Foucault (1971) beschreibt, welch unterschiedliche Bedeutung den „Irrenanstalten" in verschiedenen historischen Epochen beigelegt wurde; die Exaktheit seiner historischen Forschung allerdings wurde von Merquior (1985) in Frage gestellt. Unterschiedliche Einstellungen gegenüber dem „Wahnsinn" scheinen zudem innerhalb kleiner Gemeinschaften eher als in größeren überdauern zu können.

Die Familie ist vermutlich die erste und wichtigste Gruppe, die einem ihrer Mitglieder die Rolle des „identifizierten Patienten" zuschreibt. Sie muß diesen Patienten jedoch keineswegs zwangsläufig ausstoßen, im Gegenteil. Psychiatrische Patienten sind typischerweise dadurch charakterisiert, daß sie entweder in allzu hohem Maße das Objekt familiärer Anteilnahme und Sorge waren oder ihnen zu wenig Berücksichtigung zuteil wurde, wenn ihre Angehörigen sie in einer Klinik untergebracht und dort vergessen haben. Beide Muster lassen sich am deutlichsten während der Besuchszeiten beobachten, in denen manche Patienten sich vor Besuchern kaum zu retten wissen und andere, wie Dawn, von der das vierte Kapitel handelte, praktisch keinen Besuch bekommen. Manche Patienten sind soziometrische „Stars", andere hingegen bleiben isoliert. Der Kummer und die Traurigkeit bestimmter Patienten, ihre Krankheit und ihr „Leiden" werden mit großer Sorge wahrgenommen, während andere auf ihre Position als Ausgestoßene verwiesen werden, denen man im Grunde nicht zugesteht, ihr eigenes Menschsein mit der Gefühlsintensität „normaler" Menschen zu erleben.

Eine solche Einteilung hängt jedoch nicht allein von den übrigen Familienmitgliedern ab. Auch der Patient selbst ist an dieser Unterscheidung mitbeteiligt, von den für psychiatrische Erkrankungen geltenden gesetzlichen Vorschriften ganz zu schweigen. Unter einer systemischen Perspektive betrachtet, kann man den Patienten und die Familie als ein Holon oder ein „System innerhalb eines Systems" (vgl. Minuchin und Fishman [1981], die

diesen von Arthur Koestler übernommen Begriff beschreiben)
verstehen. Selbst wenn der Patient bewußt nicht in der Klinik
sein möchte, enthält er innerlich in isomorpher Form, wie ein
Hologramm, all die Teile des erweiterten Familiensystems und
erfüllt, psychodynamisch formuliert, seine Funktion, zugunsten
der Familie deren unerwünschte Teile zu übernehmen. Systemisch ausgedrückt, versucht die Familie, ein emotionales Dilemma zu lösen, indem sie eines ihrer Mitglieder in einen umgrenzten Raum außerhalb der eigenen Wohnstätte verweist; sie flüch-
tet sich in „Aktion". Wenn eine Einweisung im familiären
Kontext erfolgt, geht ihr für gewöhnlich eine Eskalation (eine
ununterbrochene Phase positiven Feedbacks) des familiären
Kommunikationssystems voraus. Das System ist „aus dem Ruder
gelaufen", so daß ein Teufelskreis entstand. Die Klinikeinweisung erscheint in einer solchen Situation als überfälliger Schluß-
punkt.

Darüber hinaus erfüllt die Einweisung in ein psychiatrisches
Krankenhaus in bezug auf familiäre Krisen noch eine Reihe weiterer Funktionen. In manchen Fällen, etwa bei Ehepaaren, erscheint ein Patient als Teil einer Dyade, die das Krankenhaus als
Bezugspunkt benötigt, der den beiden Partnern hilft, ihre Interaktionen zu regulieren. Das Krankenhaus wird auf diese Weise
zum dritten Punkt eines Dreiecks, der Bowen (1978) zufolge
benötigt wird, um die Stabilität einer Dyade wiederherzustellen.
Für gewöhnlich aber ist der Patient selbst derjenige, der ursprünglich trianguliert wurde. Edith (siehe fünftes Kapitel)
schien keine andere Handlungsmöglichkeit zu haben, als „gei-
steskrank" zu sein – ein Zustand, der Aktion auslöste, weil die
Geisteskrankheit mit den Regeln, Erwartungen oder Bedürfnissen anderer Familienmitglieder unvereinbar war. Vielleicht hat
Edith nicht bewußt wahrgenommen, daß es sie überforderte, mit
einer ihrer beiden Schwestern mehr Zeit zu verbringen als mit
der anderen, wenn diese auf intensivere Unterstützung angewiesen war. Wäre ihr dies klar gewesen, dann hätte sie es der Schwester nicht sagen können, weil dies einer „Zurückweisung" gleich-
gekommen wäre. Und ebensowenig hätte sie eine der Schwestern verraten können, indem sie ihr sagte, daß sie von der

anderen vernachlässigt wurde. Sie konnte dies nur lösen, indem sie sich ins Krankenhaus einweisen ließ.

Für jene Patienten, die sich bewußter für ihre Einweisung „entscheiden", erfüllt das psychiatrische Krankenhaus offenbar eine andere Funktion als für Patienten, die dort „eingesperrt" werden, wenn sie psychotisch sind. Dawn (viertes Kapitel) wurde eingewiesen, weil sie sich völlig isoliert hatte und mit ihrer Einsamkeit nicht zurechtkam. In jenem spezifischen Milieu war es nicht möglich, über Einsamkeit zu „klagen"; es gab keinerlei Organisationen, die für junge, „normale" Erwachsene beaufsichtigte Wohnheime zur Verfügung stellten. Um sich für eine Wohnheimunterbringung zu „qualifizieren", mußte man krank oder alkoholabhängig sein! Dawn entwickelte prolongierte psychogene Ohnmachtsanfälle, die ihre Ärzte „zwangen", aktiv zu werden; sie konnten sie nicht auf dem Boden in ihrer Wohnung liegenlassen!

Dies zeigt, daß die psychiatrische Institution auch Aufgaben erfüllt, die mit den Funktionen von Pflegeeltern vergleichbar sind: Sie nimmt Menschen für einen bestimmten Zeitraum auf, um ihre Ängste zu containen, und dient aufgrund ihrer konkreten Umgrenzung als „haltende" Instanz, bis die Familie oder eine andere Gemeinschaft den Patienten wieder integrieren kann. Dawn erhielt den Rat, in der Lokalpresse nach einer Familie zu suchen, die sie als „Pflegeerwachsene" aufnehmen würde. Sie hatte sofort Erfolg. Natürlich brauchte sie für sich selbst genau das, was ihre eigenen Kinder erhalten hatten, die als „Kleinkinder" in Pflege genommen worden waren.

Wir haben gesehen, daß man das Psychodrama als eine Inszenierung verstehen kann, die das Selbsterleben, aber auch den Status des Selbst in den Augen der Gruppe zu transformieren vermag. Auch viele Einweisungen in psychiatrische Krankenhäuser werden als dramatische Inszenierungen erlebt. Sie sind mit Aktion (der Einweisung) und einer verstärkten Intensivierung der Rollen verbunden: Zumindest eine Ersteinweisung stellt im Leben der meisten Patienten und ihrer Familien keine Routineangelegenheit dar! Andererseits markiert sie nicht das Ende der Geschichte. Sie bildet einen Zwischenschritt, dem weitere Maßnahmen einschließlich der Transformation und Aussöhnung folgen müssen. Beinahe alle Patienten verlassen die Klinik irgendwann wieder, manche aber ziehen aus der Erfahrung einen größeren Gewinn als andere. Einige Patienten und ihre Familien profitieren von der physischen Umgrenzung des Krankenhauses, wenn deren Bedeutung von all jenen, die diese Grenze gezogen haben oder an ihrem Erhalt beteiligt sind, verstanden wird. Wenn man die stationäre Fallbesprechung mit der Familie in gewisser Weise auch als Äquivalent der Psychodramabühne betrachten kann, dann läßt sich die Interaktion zwischen der Familie und dem Patienten vom Personal in ähnlicher Weise regulieren wie das Bühnengeschehen vom Psychodramaleiter. Die Rolle der Klinik wird bewußt modifiziert, so daß sie zur Schaffung eines Dialogs zwischen dem Patienten und der Familie mit beitragen kann.

Ein verborgener und selten anerkannter Grund für die Einweisung in eine psychiatrische Abteilung besteht in der Absicht, zwischen einem Patienten und seinen Angehörigen oder Freunden eine physische Grenze zu ziehen. In einer kleinen, klar umrissenen Gesellschaft und einem Zeitalter effizienter Kommunikationstechniken ist die Abgrenzung gegenüber allzu häufigem oder unerwünschtem Kontakt mit Verwandten schwierig geworden. In solchen hoch interaktiven Gesellschaften müssen rigide soziale Grenzen errichtet werden, welche die größere Durchlässigkeit physischer Abgrenzungen kompensieren. Ohne solche sozialen Abgrenzungen würde Chaos herrschen; es ist schwierig für einen Menschen, die Kommunikation zu vermeiden, wenn andere sie einfordern. Komplexe intergenerationelle Zusammenhänge können das Subjekt derart zahlreichen unterschiedlichen Einschätzungen aussetzen, daß sich Verwirrtheit entwickelt und das Selbstgefühl gravierend beeinträchtigt.

Wenn die Kommunikation übermäßig verzerrt ist, kann sich die öffentliche psychiatrische Beratungsinstanz nicht allein auf den Dialog verlassen, sondern muß handelnd tätig werden. In einem kleinen Gemeinwesen aber kann das Handeln – in Form der Krankenhauseinweisung – anders aussehen. Während es einst pauschal als restriktiv und freiheitsberaubend betrachtet wurde, versteht man es heute in höherem Maße als eine Reaktion auf sehr unterschiedliche und variierende individuelle Bedürfnisse, die sich an einem systemtheoretischen Verständnis der Patienten, der Familien und der Probleme orientiert. Die Klinikeinweisung vermittelt jenen Personen Struktur, die über keine Struktur verfügen, und löst andere aus einer bereits bestehenden rigiden Verstrickung heraus. Indem sie den Familien ein Setting zur Verfügung stellt, in dem sich die Angehörigen zu den Sitzungen treffen können, sowie eine Bühne für das Psychodrama, schafft sie darüber hinaus eine Möglichkeit, systemisches Denken in Aktion umzusetzen.

Wenn sich die Institution Familie verändert und die Rolle des Vaters in größerem Umfang vom Staat übernommen wird, weil die Väter arbeitslos oder zum Unterhalt der Familie auf die Arbeit ihrer Ehefrauen angewiesen sind, und wenn die Frauen in der sozialen Absicherung eine größere „Sicherheit" sehen als in ihren Ehemännern, wird auf den Staat vermutlich eine wachsende väterliche Verantwortung zukommen. Im privaten Bereich aber müssen alleinstehende Mütter häufig auch ein höheres Maß an väterlichen Funktionen übernehmen, so daß sie möglicherweise als Mütter weniger geben können. Traditionell wurden die psychiatrischen Gesundheitsdienste als männliche Hierarchiestrukturen verstanden – aufrechterhalten durch Regeln, Vorschriften und Verbote wie eine Armee. Heute aber integriert die staatliche „Fürsorge" glücklicherweise auch eine weibliche Verantwortlichkeit; der „Reifungsprozeß und die fördernde Umwelt" (Winnicott 1962) sind in den für die psychische Gesundheit erwachsener Menschen zuständigen Institutionen, metaphorisch gesprochen, zu ihrem Recht gekommen!

Wir haben an einer Reihe von Beispielen gesehen, wie ein klinisches Team sich den spezifischen Erfordernissen anpassen kann, die einzelne Patienten und ihre Familien unter Umständen an einen öffentlichen psychiatrischen Gesundheitsdienst stellen. Wir haben auch beobachtet, daß innerhalb eines bestimmten Zeitraums verschiedene therapeutische Modalitäten je nach Situation den individuellen Bedürfnissen des Patienten, der Familie oder Gruppe angepaßt werden können.

Nachdem ich erläutert habe, wie wichtig es bei der Wahl der geeignetsten Methode ist, daß sich die Therapie den spezifischen Bedürfnissen eines Patienten oder einer Familie anzupassen vermag, möchte ich noch einmal auf die Flexibilität der Rolle des Therapeuten oder Psychiaters zu sprechen kommen. Wenn er eine psychoanalytische Einzeltherapie durchführt und der Patient von ihr profitieren kann, erweisen sich die in einer öffentlichen Einrichtung verfügbaren zeitlichen Ressourcen unter Umständen als einschränkender Faktor. Wenn aber der Patient vorstellig wird, weil andere Familienmitglieder Druck auf ihn ausüben, dann könnte sich die Individualtherapie als schwierig erweisen, weil vom Therapeuten erwartet wird, daß er Lösungen für Probleme findet, die nicht ausschließlich im Patienten selbst wurzeln. Und wenn der Patient mit Symptomen in eine psychiatrische Klinik eingewiesen wurde, die er stellvertretend für andere Familienmitglieder trägt (weil er zum Beispiel die Last eines nicht durchgearbeiteten familiären Kummers auf sich genommen hat), dann muß der Psychiater/Therapeut Wege finden, um die Probleme direkt mit den relevanten Familienangehörigen besprechen zu können. Manche Patienten stellen systemische Probleme im Psychodrama oder in ihren Therapiegruppen dar. Andere nehmen regelmäßig teil, erzielen aber erst signifikante Fortschritte, wenn ein systemischer Ansatz angewandt wird. Auch die Situation schwerkranker Patienten, die aufgrund einer psychotischen Reaktion oder einer Krise anderer Art aktives Stationsmanagement benötigen, muß unter einem systemischen Blickwinkel betrachtet werden.

Der Psychiater/Therapeut muß eine therapeutische Haltung einnehmen, die nicht nur mit den von ihm wahrgenommenen Bedürfnissen des Patienten in Einklang steht, sondern auch dem umfassenderen System der öffentlichen psychiatrischen Versorgung Rechnung trägt, dem er selbst als Kliniker angehört. Diese Position ist entscheidend, damit er die adäquate Rolle als Systemoperator aufrechterhalten kann. Dreierlei Dinge sind erforderlich: (1) Der Kliniker muß seiner eigenen Spontaneität folgen, so wie auch ein Psychodramaleiter auf neue Situationen in bewährter Weise oder auf alte Probleme mit neuartigen Methoden reagiert (Moreno 1953). (2) Wenn der Kliniker innerhalb der Struktur einer Institution arbeitet, muß er diese kreativ nutzen. Im Kontext der konkreten Struktur muß er den verschiedenartigen Erfordernissen, denen sie dient, Rechnung tragen: jenen des Patienten, der Familie, der überweisenden Instanzen und darüber hinaus auch des Klinikpersonals, dessen eigene Ängste anerkannt werden müssen. (3) Ein Systemoperator muß in der Lage sein, seine Rolle so anzupassen, daß die Klientensysteme und die Versorgungssysteme (einschließlich der Klinik) mit den Therapiesystemen vereinbar sind, so daß diese im Falle von Interventionen den klinischen Notwendigkeiten und den verfügbaren Ressourcen angemessen eingesetzt werden können. Fruggeri (1991) erklärt, daß die Wichtigkeit von Interpretationen, Interventionen oder Techniken auf dem Beitrag beruht, den sie zu der therapeutischen Beeinflussung des Patienten leisten.

Die Leitung eines Psychodramas ähnelt der Aktivität eines Systemtherapeuten in einem allgemeineren Bezugsrahmen. Ohne die gleiche Sprache zu verwenden, benutzt das Psychodrama dennoch, wie wir gesehen haben, systemische Prinzipien. Darüber hinaus bietet es Gelegenheit, mit Hilfe von Handlungsmethoden die Rollen zu untersuchen, durch die Menschen kommunizieren und zudem die Art und Weise beeinflussen, in der andere sich zum Ausdruck bringen. Anders formuliert: Wenn der Handlung eine bestimmte Bedeutung zugeschrieben wird, während sie stattfindet, können sich manche Rollen verändern und ihrerseits andere Rollen beeinflussen. Der Leiter erforscht zunächst seine eigenen Aktionen und ihre Bedeutungen, und wenn er sich seine eigene Spontaneität bewahrt, kann er die Spontaneität anderer freisetzen. Hollander (1992) weist darauf hin, daß sich Bowens Theorie auf die Differenzierung konzentriert, während Moreno die Spontaneität als den Kern der Einzigartigkeit des Individuums verstand. Systemisch gesehen, definiert der Leiter, während er seine eigene Haltung reflektiert, seine Rolle im Verhältnis zu den übrigen Gruppenmitgliedern und hilft ihnen durch diesen Prozeß, ihre Rollen zu definieren. Wie Williams (1989) betont, erkannte Moreno den systemischen

Charakter von Rollen einschließlich ihres Kontextes und ihrer Konsequenzen.

* * *

Das in diesem Buch beschriebene Psychodrama stellt eine spezifische Therapiemethode dar, die mit vielen anderen Methoden kombiniert und koordiniert werden kann; einige ihrer Grundsätze aber können, wie ich in einem weiteren Buch zeigen werde, auch als Modell für den Systemtherapeuten dienen, der im allgemeineren Bereich der psychischen Gesundheitsversorgung arbeitet. Es exemplifiziert die Art und Weise, in der ein Therapeut oder Psychiater sein therapeutisches Rollenrepertoire reflektieren und sein eigenes, auf die Durchführung der Therapie bezogenes Ideensystem untersuchen kann, während er sich im Prozeß des „Handelns" befindet – ob es sich um eine physische Aktivität handelt wie die Schaffung einer haltenden Umwelt oder um eine verbale Aktivität in Form eines Gespräches oder einer Interpretation. Therapeutische Interventionen beinhalten für gewöhnlich beides und reflektieren auf diese Weise häufig die wechselseitige Beeinflussung von therapeutischen Rollen in einem staatlichen psychiatrischen Gesundheitsdienst.

Bibliographie

Agazarian, Y. (1993). A Theory of Living Human Systems and the Practice of Systems-Centred Psychotherapy. Vorgetragen auf der 37. Jahrestagung der American Group Psychotherapy Association.

Anderson, H. (in Vorbereitung). Collaborative language systems: toward a postmodern therapy. In: R. Mikesell, D. D. Lusterman und S. McDaniel (Hg.). *Family Psychology and Systems Theory.* Washington, DC (American Psychological Association Press).

Anderson, H., A. Goolishian und L. Windermand (1987). Problem-determined systems: towards transformation in family therapy. *Journal of Strategic and systemic therapies* 5: 1–14.

Andolfi, N., C. Angelo, P. Menghi und A. M. Nicolò-Congliano (1983). *Behind the Family Mask.* New York (Brunner und Mazel).

Balint, M. (1964). *The Doctor, His Patient and the Illness.* London (Pitman Medical). (^{8}1993) *Der Arzt, sein Patient und die Krankheit.* Stuttgart (Klett-Cotta).

Bandler, R. und J. Grinder (1975). *Patterns of the Hypnotic Techniques of Milton H. Erickson.* Bd. 1. Cupertino, CA (Meta Publications).

Bateson, G. (1979). *Mind and Nature: A Necessary Unit.* London (Fontana). (1987) *Geist und Natur. Eine notwendige Einheit.* Frankfurt am Main (Suhrkamp).

Beck, A. T., A. J. Rush, B. F. Shaf und G. Emery (1979). *Cognitive Therapy of Depression.* New York (Brunner und Mazel).

Bentovim, A. (1992). *Trauma-Organized Systems: Physical and Sexual Abuse in Families.* London (Karnac Books). Revidierte Ausgabe 1995.

Bion, W. (1962). *Learning from Experience.* London (Heinemann).

(1991) *Lernen durch Erfahrung.* Übers. von E. Krejci. Frankfurt am Main (Suhrkamp).

Blatner, A. und A. Blatner (1988). *Foundations of Psychodrama, History Theory and Practice.* New York (Springer).

Bollas, C. (1987). *The Shadow of the Object. Psychoanalysis of the Unknown Thought.* London (Free Association Books). (1997) *Der Schatten des Objekts.* Stuttgart (Klett-Cotta).

Boscolo, L., G. Cecchin, D. Campbell und R. Draper (1985). Twenty more questions: selections from a discussion between the Milan Associates and the editors. In: D. Campbell und R. Draper (Hg.). *Applications of Systemic Family Therapy, the Milan Approach.* 27. Kapitel. New York (Grune and Stratton).

Boszormenyi-Nagy, I. (1981). Contextual therapy: therapeutic leverages in mobilizing trust. In: R. J. Green und J. L. Fram (Hg.). *Family Therapy, Major Contributions.* New York (International Universities Press).

Bowen, M. (1978). *Family Therapy in Clinical Practice.* New York (Jason Aronson).

Brittan, A. (1973). *Meanings and Situations.* International Library of Sociology. Hg. von John Rex. London und Boston (Routledge and Kegan Paul).

Campbell, D., R. Draper und C. Huffington (1989). *Second Thoughts on the Theory and Practice of the Milan Approach to Family Therapy.* London (D. C. Associates).

Chasin, R., S. Roth und N. Bograd (1989). Action methods in systemic therapy: dramatising ideal futures and reformed pasts with couples. *Family Process* 28: 121–136.

Compernolle, T. (1981). J. L. Moreno: an unrecognized pioneer of family therapy. *Family Process* 20: 331–335.

De Shazer, S. (1982). *Patterns of Brief Family Therapy.* New York (Guilford Press).

De Shazer, S. (1991). *Putting Difference to Work.* New York (W. W. Norton).

Dicks, H. V. (1967). *Marital Tensions.* London (Routledge and Kegan Paul).

Epston, D. und M. White (1990). *Archaeology of Therapy.* South Australia (Dulwich Centre Publications).

Fogarty, T. F. (1978). The distancer and pursuer. In: *The Best of the Family 1973–1978*. Bd. 7 (Nr. 1). New Rochelle, NY (The Centre for Family Learning).

Foucault, M. (1961). Histoire de la folie. Paris (Librairie Plon). (1973) *Wahnsinn und Gesellschaft*. Frankfurt am Main (Suhrkamp).

Fox, J. (Hg.). (1987). *The Essential Moreno: Writings on Psychodrama, Group Method, and Spontaneity by J. L. Moreno, M. D.* New York (Springer).

Framo, J. L. (1982). *Explorations in Marital and Family Therapy: Selected Papers of James L. Framo.* New York (Springer).

Fruggeri, L. (1991). The constructivist systemic approach and context analysis. In: ders. et al., *New Systemic Ideas from the Italian Mental Health Movement.* London (Karnac Books).

Fruggeri, L., & Matteini, M. (1991). From Dualism to Complexity: Methodological Issues in Psychotherapy in Public Services. In: L. Fruggeri et al., *New Systemic Ideas from the Italian Mental Health Movement,* London (Karnac Books).

Ganzarain, R. C., und B. J. Buchele (1989). *Fugitives of Incest: A Perspective from Psychoanalysis and Groups.* Madison, CT (International Universities Press).

Goldman, E., und D. Morrison (1984). *Psychodrama: Experience and Processes.* Dubuque, IA (Kendall/Hunt).

Guerin, P. J., jun. (1976). Family therapy: the first twenty five years. In: ders. (Hg.). *Family Therapy: Theory and Practice.* New York (Gardner Press).

Havens, L. (1986). *Making Contacts: Uses of Language in Psychotherapy.* Cambridge, MA (Harvard University Press).

Hinshelwood, R. D., und N. Manning (1979). *Therapeutic Communities, Reflections and Progress.* London (Routledge and Kegan Paul).

Hinshelwood, R. D. (1987). *What Happens in Groups? Psychoanalysis, the Individual and the Community.* London (Free Association Books).

Holland, R. (1977). *Self and Social Context.* London (Macmillan).

Hollander, C. E. (1992). *Psychodrama, Role-Playing, and Sociometry: Living and Learning Processes. Comparative Family Systems of Mo-*

137

reno and Bowen. Lakewood, CO (Colorado Psychodrama Centre).

Holmes, P. (1992). *The Inner World Outside: Object Relating Theory and Psychodrama.* London (Tavistock/Routledge).

Holmes, P., und M. Karp (Hg.) (1991). *Psychodrama: Inspiration and Technique.* London (Tavistock/Routledge).

Holmes, P., M. Karp und M. Watson (Hg.) (1994). *Psychodrama Since Moreno: Innovations in Theory and Practice.* London und New York (Routledge).

Inger, I. B. (1993). A dialogue perspective for family therapy: the contributions of Martin Buber and Gregory Bateson. *Journal of Family Therapy* 15: 293–314.

Johnstone, K. (1979). *IMPRO. Improvisation and the Theatre.* London (Faber and Faber).

Jones, E. (1993). *Family Systems Therapy: Developments in the Milan-Systemic Therapies.* Chichester (John Wiley).

Keeney, B. P. (1983). *Aesthetics of Change.* New York (Guilford Press).

Keeney, B. P., und J. M. Ross (1985). *Mind in Therapy: Constructing Systemic Family Therapies.* New York (Basic Books).

Kelly, G. A. (1955). *The Psychiatry of Personal Constructs.* 2 Bde. New York (W. W. Norton).

Kellermann, P. F. (1992). *Focus on Psychodrama: The Therapeutic Aspects of Psychodrama.* London (Jessica Kingsley).

Kipper, D. A. (1986). *Psychotherapy Through Clinical Role Playing.* New York (Brunner und Mazel).

Kobak, R. R., und D. B. Waters (1984). Family therapy as a rite of passage: play's the thing. *Family Process* 23: 89–100.

Kohut, H. (1984). *How Does Analysis Cure?* Chicago (University of Chicago Press). (1987) *Wie heilt die Psychoanalyse?* Frankfurt am Main (Suhrkamp).

Kreeger, L. (Hg.) (1975). *The Large Group.* London (Constable).

Laing, R. D. (1959). *The Divided Self.* London (Tavistock Publications). (1972) Das geteilte Selbst. Köln (Kiepenheuer und Witsch).

Laing, R. D. (1967). Family and Individual Structure. In: Peter Lomas (Hg.). *The Predicament of the Family.* London (Hogarth Press).

138

Laing, R. D. (1969). *Self and Others.* London (Tavistock). (1973) *Das Selbst und die Anderen.* Köln (Kiepenheuer und Witsch).

Langs, R. (1988). *A Primer of Psychotherapy.* New York (Gardner Press).

Lieberman, S. (1979). *Transgenerational Family Therapy.* London (Croom Helm).

Lerner, H. G. (1989). *The Dance of Intimacy.* New York (Harper and Row).

Mason, B. (1989). *Handing Over: Developing Consistency across Shifts in Residential and Health Settings.* London (D. C. Associates).

Maturana, H., und F. Varela (1980). *Autopoesis and Cognition: The Realisation of the Living.* Dordrecht (Reidel).

Mead, G. H. (1934). *Mind, Self and Society.* Chicago, IL (University of Chicago Press) (1968). *Geist, Identität und Gesellschaft.* Frankfurt am Main (Suhrkamp).

Merquior, J. G. (1985). *Foucault.* London (Fontana Press).

Minuchin, S., und H. C. Fishman (1981). *Family Therapy Techniques.* Cambridge, MA (Harvard University Press).

Moreno, J. L. (1937a). Inter-personal therapy and the psychopathology of inter-personal relations. *Sociometry,* Bd. 1, S. 9–76. New York (Beacon House). (1946) unter dem Titel „Psychopathology of inter-personal relations" in: *Psychodrama,* Bd. 1. New York (Beacon House).

Moreno, J. L. (1937b). Sociometry in relation to other social services. *Sociometry,* Bd. 1, S. 206–219. New York (Beacon House). Auch in: J. Fox (Hg.) (1987). *The Essential Moreno.* New York (Springer).

Moreno, J. L. (1940). Spontaneity and catharsis. In: J. Fox (Hg.) (1987). *The Essential Moreno.* New York (Springer).

Moreno, J. L. (1953). Who shall survive? In: ders., *Foundations of Sociometry, Group Psychotherapy and Sociodrama.* New York (Beacon House).

Moreno, Z. T. (1991). Time, space, reality, and the family: psychodrama with a blended (reconstituted) family. In: P. Holmes und M. Karp (Hg.). *Psychodrama: Inspiration and Technique.* London (Tavistock/Routledge).

Penn, P. (1983). Circular Questioning. *Family Process* 3: 267–280.

Pines, N. (Hg.) (1983). *The Evolution of Group Analysis.* London (Routledge and Kegan Paul).

Roberto, L. G. (1992). *Transgenerational Family Therapy.* New York (Guilford Press).

Symington, N. (1993). *Narcissism: A New Theory.* London (Karnac Books).

Telfner, U. (1991). The epistemological operations of professionals. In: L. Fruggeri et al. *New Systemic Ideas from the Italian Mental Health Movement.* London (Karnac Books).

Tomm, K. (1987). Interventive interviewing: Part II. Reflexive questioning as a means to enable self-healing. *Family Process* 26: 167–183.

Tomm, K. (1991). Persönliche Mitteilung. „Post-Milan systemic therapy". Workshop, Kensington Consultation Centre, London, 19.–20. November.

Von Foerster, H. (1979). Cybernetics of cybernetics. In: K. Krippendorff (Hg.). *Communication and Control.* New York (Gordon and Beech).

Williams, A. (1989). *The Passionate Technique. Strategic Psychodrama with Individuals, Families, and Groups.* London (Routledge).

Williams, A. (1991). *Forbidden Agendas: Strategic Action in Groups.* London (Tavistock/Routledge).

Winnicott, D. W. (1962). Ego integration in child development. In: ders., *The Maturational Processes and the Facilitating Environment.* London (Hogarth Press) 1965. (1984) Ich-Integration in der Entwicklung des Kindes. In: ders., *Reifungsprozesse und fördernde Umwelt.* Frankfurt am Main (Fischer), S. 72–81.

Winnicott, D. W. (1971). *Playing and Reality.* London (Tavistock). (1979) *Vom Spiel zur Kreativität.* Stuttgart (Klett-Cotta).

Winnicott, D. W. (1965). *The Maturational Processes and the Facilitating Environment.* London (Hogarth Press). (1984) *Reifungsprozesse und fördernde Umwelt.* Frankfurt am Main (Fischer).

Namen- und Sachregister

Familientherapie bei Klett-Cotta
Eine Auswahl

Kurt Ludewig:
Systemische Therapie
Grundlagen klinischer Theorie und Praxis
Geleitworte von Heinz von Foerster und Helm Stierlin
3. Auflage 1995. 228 Seiten, broschiert, ISBN 3-608-91648-2

Hier finden Therapeuten und Studenten alle grundlegenden
Informationen zur systemischen Therapie – eine neue Form der
Psychotherapie, die versucht, das heutige Verständnis des
Menschen als eines prinzipiell autonomen und
kommunizierenden Lebewesens in die Praxis umzusetzen.

Mara Selvini Palazzoli / Stefano Cirillo /
Matteo Selvini / Anna Maria Sorrentino:
Die psychotischen Spiele in der Familie
Aus dem Italienischen von Ruth Ensslin-Frey
2. in der Ausstattung veränderte Auflage 1996. 402 Seiten, broschiert,
ISBN 3-608-91806-X

Der Weg von Mara Selvini Palazzoli und ihrem Team führte von
einem streng systemischen zu einem mehrdimensionalen Denken.
Zur Beschreibung des pathogenen familiären Beziehungsmuster
verwenden die Autoren die Metapher des Spiels. Dadurch gelingt
es ihnen, das einseitig systemische Denken zu überwinden und
den Blick frei zu machen für unabhängige, unvorhersehbare
Spielzüge des einzelnen.

Klett-Cotta

Familientherapie bei Klett-Cotta
Eine Auswahl

Ivan Boszormenyi-Nagy / Geraldine M. Spark:
Unsichtbare Bindungen
Die Dynamik familiärer Systeme
Aus dem Amerikanischen von Suzanne Annette Gangloff
5. Auflage 1995. 426 Seiten, Leinen, ISBN 3-608-91297-5

»Im Unterschied zu den meisten Familienforschern konzentrieren sich die beiden Autoren auf die Tiefenschicht des familiären Beziehungssystems: auf die dynamische Wirksamkeit unsichtbarer Bindungen, gegenseitiger Verpflichtung und Schuld. Ihr familiäres Konzept ist weniger durch den Begriff der Homöostase geprägt als durch den der Gerechtigkeit, ihr therapeutisches Konzept weniger um das Problem der Rollensymmetrie und Asymmetrie zentriert als um das der Fairneß und der Werte der Familie.«
Soziale Arbeit

Stefano Cirillo / Paola di Blasio:
Familiengewalt
Ein systemischer Ansatz
Mit einem Vorwort von Mara Selvini Palazzoli
Aus dem Italienischen von Barbara Huter
1992. 184 Seiten, Leinen, ISBN 3-608-95751-0

Zwei Ansprüche stehen für den Therapeuten miteinander im Widerstreit: der Anspruch des Kindes auf Schutz und der Anspruch der Eltern auf Hilfe. Das Mailänder Zentrum für Krisenintervention hat ein Konzept entwickelt, dieses für Therapeuten so schwierige Problem anzugehen – nicht mit Schuldzuweisungen, sondern mit Erkenntnissen über systemische Zusammenhänge. Das Buch stellt dieses Modell und erste Ergebnisse vor.

Klett-Cotta